汉译世界学术名著丛书

哲学问题

〔英〕罗素 著

贾可春 译

商务印书馆

Bertrand Russell
THE PROBLEMS OF PHILOSOPHY
本书根据 Oxford University Press 1998 年版译出

本书为教育部人文社会科学规划基金项目
罗素语言哲学研究[项目编号:19YJA720007]项目成果

汉译世界学术名著丛书
出 版 说 明

我馆历来重视移译世界各国学术名著。从20世纪50年代起,更致力于翻译出版马克思主义诞生以前的古典学术著作,同时适当介绍当代具有定评的各派代表作品。我们确信只有用人类创造的全部知识财富来丰富自己的头脑,才能够建成现代化的社会主义社会。这些书籍所蕴藏的思想财富和学术价值,为学人所熟悉,毋需赘述。这些译本过去以单行本印行,难见系统,汇编为丛书,才能相得益彰,蔚为大观,既便于研读查考,又利于文化积累。为此,我们从1981年着手分辑刊行,至2021年已先后分十九辑印行名著850种。现继续编印第二十辑,到2022年出版至900种。今后在积累单本著作的基础上仍将陆续以名著版印行。希望海内外读书界、著译界给我们批评、建议,帮助我们把这套丛书出得更好。

商务印书馆编辑部

2021年9月

目　　录

导　言 ·· 约翰·斯科鲁普斯基 1

序 ·· 17

第一章　现象与实在 ··· 19

第二章　物质的存在 ··· 28

第三章　物质的性质 ··· 37

第四章　唯心论 ·· 46

第五章　亲知的知识与描述的知识 ·································· 54

第六章　论归纳 ·· 66

第七章　论我们关于一般原则的知识 ······························ 75

第八章　先天知识如何可能 ··· 85

第九章　共相的世界 ··· 93

第十章　论我们关于共相的知识 ··································· 102

第十一章　论直观的知识 ··· 110

第十二章　真与假 ··· 117

第十三章　知识、错误与可能性意见 ···························· 127

第十四章　哲学知识的限度 ··· 136

第十五章　哲学的价值 ·· 146

附录Ⅰ 德译本前言……………………………………… 153
附录Ⅱ 进一步阅读书目………………………………… 156
索 引……………………………………………………… 158

导　言

约翰·斯科鲁普斯基

伯特兰·罗素(1872-1970)于1911年写了这部著名的哲学导论,并于1912年1月将其出版。从那时起,大学内外的好几代哲学学生都在阅读这本书。该书成于罗素最丰产的哲学时期。1910年,他完成了为写作《数学原理》所必需的冗长而又让人厌烦的技术工作——那本书是他与怀特海合作完成的一伟大的作品,也是现代数理逻辑的一块奠基石。他说他的"理智从未从这种劳累中完全恢复过来";然而,在关于一般哲学的问题上,他明显经历了一次新的创造力与活力的释放。尽管本书是作为一部通俗的导论而写成的(罗素称它为"廉价惊奇小说"),然而它提出了一些明确的观点,并完全引入一些新思想,例如关于真理的思想。它以极其利索、极其审慎、极其谦虚且又清澈易懂的方式阐述了这些观点和思想。它确实值得受到人们持续的喜爱。

罗素没有处理哲学中的所有问题。如他在前言中所解释的那样,他限于谈论他认为他能就其发表肯定性和建设性意见的那些问题。这样一来,考虑到他那时的兴趣,这本书主要关心认识论这一哲学分支;该分支所研究的是,我们能说自己知道什么或合理地相信什么。在这一研究的基础上,罗素就存在之物的最终种类问题得出了一些引人注目的结论。他没有讨论伦理学或一系列涉及心灵与行为的传统问题，如自我的性质或自由意志问题等。但是，他在哲学的特征与价值这个问题上所不得不说的话，也表达了他的伦理观中的某种东西。哲学的特征与价值这个话题在整本书中一再出现，并为自己赢得了最后一章的地位。

感觉材料、物理学与本能信念

罗素是从对知觉的分析开始的。现象是相对的：一张桌子从不同的角度或在不同的光线下看是不一样的。但是我们认为这张桌子本身没有变化。所以，罗素假定他所说的"感觉材料"是存在的。它们是"我们在感觉中直接觉察到的东西"，"我们直接觉察到的东西"（第4页）①；尽管桌子不变，但它们是变化的。在引入感觉材料时，罗素也在行为——或者说意识状态——与其对象之间做了区分。意识状态是精神的，它的对象可能是，也可能不是精神的。这就出现了一个极其重要的转机。因为既已有了这种区分（它在整本书中都是重要的），罗素本可以断定，当你从不同的角度或在不同的光线下感知同一张桌子时，你的意识的对象并没有改变，尽管你所拥有的经验改变了；这里所说的经验构成了你关于这个对象的意识。他原本能够认为，你的意识的对象是桌子，而不是它由之显现的方式。但他没有采纳这种观点；他使对象由之向你显现的方式成了你意识的对象，而且他把这个对象即感觉材料看成是精神的，也就是说，他认为它只属于你的心灵，而且如果你不

----

① 指原书页码，也即本书的页边码，下同。——译者注

存在,它也不会存在。

那么,感觉材料与物理对象之间的关系是什么呢?物理对象产生感觉材料,物理学的目标就在于陈述我们所能知道的关于物理对象的一切东西。罗素在第三章中断定,关于物理对象以及它们所占据的时间与空间,我们所能知道的只是它们的关系结构,而不是它们的内在性质。但首先,他提出了一个更基本的问题:假如实在并不是它所看起来的那样,那么我们有什么方法知道终究存在某种实在呢?而且假如存在的话,我们有办法发现它们是什么样子吗?(第6页)。他认为,从逻辑上说,我、我的经验和我的思想有可能就是存在的一切。但是,常识的物质信念是本能的,并导致了一种最简单的系统的观点;而对于这种观点,即使我们承认它从逻辑上看可能是错误的,我们也可以依样接受(第10-11页)。

罗素接下来汲取了一个教训:

> 我们发现,所有知识都必须建立在我们的本能信念之上,而且假如这些本能信念被抛弃了,那就不再有知识了。但是,在我们的本能信念中间,有些比另外一些要有力得多,而通过习惯与联想,许多本能信念与实际上的非本能信念牵扯在一起,这些非本能信念被误以为是本能信念。
>
> 哲学应该对我们的本能信念进行分级,这种分级要从我们最坚定地持有的那些信念开始,并尽可能将每一种信念都从与其不相关的附加物中剥离出来,使其不再受它们的影响。……绝不可能有任何理由来拒绝一种本能信念,除非它与别的本能信念相冲突。因而,假如发现它们是协调一致的,整个体系就

值得接受了。

当然,我们的所有信念或其中任何一个都可能是错误的;因此,我们应该至少带着某种轻微的怀疑态度来持有它们。但是,除非以某个别的信念为根据,我们不可能有理由来拒绝一个信念。

如这里所说明的那样,罗素的方法有两个引人瞩目的地方:

1. 它使得诉诸本能信念的理性权威成为必要的。罗素不是单纯地推论出最简单的假设,即本能的或其它什么假设。他在第六章中讨论了归纳;在那里,他根本没有说以最简单的假设(或者说"最佳解释")为目标的推论是一种推论方法。他在第 37 页上所陈述的归纳原则,不允许我们从感觉材料推论出物理对象;它只允许我们推论出感觉材料之间的相互关系。

在这方面,他的方法极具英国传统哲学的色彩;这种传统哲学在十九世纪的突出代表是托马斯·里德的常识学派和约翰·斯图亚特·穆勒(他活了很久,恰好可以成为罗素的教父)。因此,注意与自身方法相对立的罗素的立场如何不同于他们,将是一件有趣的事情。像罗素一样,里德也肯定本能信念的权威及物质信念所体现出来的本能特征。然而,他也非常尖锐地批评这种思想,即知觉的"直接"对象是感觉材料,或者用他的话说,"观念"。他所采取的观点,就是我说过的罗素在区分意识的行为与其对象之后本可以采取的那种观点。里德对知觉的分析非常有力,许多哲学家都倾向于认为他的观点与罗素在这个问题上的态度是对立的。

穆勒也承认本能信念的权威性。像罗素在本书中(第十一章)那样,也像早期的里德那样,认为记忆信念是本能的,而且以同样的方式承认它们是权威的。但是,与里德和罗素不同,他认为物质信念并不是本能的。它产生于"习惯与联想";而在上述那段文字中,罗素也是承认"习惯与联想"的。根据这些,穆勒否认我们能有什么理由承认物质的存在——假如它被构想为感觉的一种非精神的原因的话;相反,物质应该被分析为感觉的恒久可能性。这样的立场很像罗素自己后来所采纳的一种立场,尽管他只是短暂地采纳了那种立场。

2. 但是,为什么我们应该与罗素(以及里德和穆勒)一道承认,一种信念若是本能的,就具有理性的权威? 即便罗素承认这一事实,即一种信念是本能的并不要求它是真的,他也没有提出这样的疑问。他的态度和里德及穆勒的态度是一样的:如果我们不承认本能信念的理性的——尽管是可消除的——权威,那么根本没有任何信念可以被证明是正当的。我们无法或者说无需反驳一个绝对怀疑论者。

就其本身而言,这也许是正确的;但是,它留下一个哲学之谜。令 P 是罗素可以接受的用于提炼和系统化我们的诸多本能信念的某种步骤。那么,他将获得这样的命题,即经受了步骤 P 检验的一种本能信念是合理的信念。什么东西使这种信念成为合理的? 仅仅因为我们本能地相信它吗? 人们一定会希望从哲学上对"本能性"与合理性这两个概念进行考察,以便进一步阐明它们之间的这种显然重要的联系。但是,像在他之前的穆勒和里德一样,罗素并没有做出这样的尝试。

唯心论:亲知的知识与描述的知识

对唯心论(罗素在第 19 页对它作了界定)的批评是《哲学问题》中一再出现的话题。在这本书的各个不同的地方,唯心论是由巴克莱、康德及黑格尔等非常不同的哲学家来代表的,而且罗素也以非常不同的方式讨论了这些哲学家。巴克莱的一些论证在第四章中得到了有效处理。罗素回到了自己对精神行为与其对象的区分(考虑到他自己承认"感觉材料",这种区分也许令人吃惊),并在相当大的程度上以里德曾经采用过的方式来利用它,以反对巴克莱(第 21-22 页)。而且,巴克莱在其为唯心论辩护的一个中心论证中说:"我们不能知道任何我们不知道其存在的东西"(第 22 页)。但是,正如罗素所注意到的那样,"在这里,'知道'这个词是在两种不同意义上被使用的"(第 23 页)。有这样一类知识,即某种东西事实上如何如何,此乃真理的知识;像我所知道的巴黎是法国的首都这则知识就属这一类。还有一类是与真理的知识相对的事物的知识,罗素把这类知识叫作亲知的知识。例如,我知道巴黎,也就是说,我亲知了巴黎。我不知道巴西利亚,尽管我知道它是巴西的首都。如罗素所说,我们当然能够知道并且也确实知道存在我们所不知道的对象,也就是说,存在我们没有亲知过的对象。

这是针对唯心论而提出的一种有充分根据的论点,尽管如罗素所说,它仅对付支持唯心论的许多论证之一,而且也不是特别新颖。然而,在下一章(第五章)中,这种讨论出现了新的转变。罗素引入了描述的知识这一概念。假如我知道一个对象唯一地满足一种描述，我就可以说是通过描述而知道这个对象的；比如说，我知道巴西利亚唯一地满足"巴西的首都"这个描述，如此一来我通过描述知道了它的，尽管我没有通过亲知知道它。与亲知的知识不一样，描述的知识可以还原为对真理的知晓（knowing truths）。罗素说，我们只亲知"我们直接觉察到的"对象，"而又无任何推论的过程或真理的知识作为中介"（第25页）；这是其认识论的一个重要的部分——我们把它称作论题 X。根据这种分析，迄今为止，严格讲来，能说成是被我们觉察到的且因此能为我们所亲知的仅有的项，就是我们的感觉材料和我们自己（第27-28页）。所以，我确实不能亲知巴黎，而只是亲知关于巴黎的感觉材料。现在，针对亲知与理解之间的关系，罗素补充了另外一个重要的论题：

我们所能理解的每一个命题，都一定是由我们所亲知的成分组成的。

我们把这个论题称作 Y。据此论题，我们只能做出关于我们所亲知的对象的判断，所以迄今为止，我们也就只能做出关于我们自己及我们的感觉材料的判断。然而，假如这些真的是我们所亲知过的仅有的项，那么，甚至连做到这一点也是不可能的，这是因为，做出关于一个项的判断就是断言其具有某种东西，而为了能做出此种断言，我就必须亲知我断言它所具有的那某种东西。罗素把被断言的这些东西称作共相。他的看法中一个非常重要而又新颖的方面在于，共相可以是任意数目的地点之间的关系。性质只是一地（one-place）关系这种特殊的情况，也可能存在像 a 爱 b 这样的两地关系，像 a 把 b 给 c 这样的三地关系，以及像 a 与 b 之间相比于 c 和 d 之间更远这样的四地关系，如此等等。

由 X 可以断定,我们一定是直接觉察到共相的。这样一来,罗素所给出的关于我们直接觉察到的对象的完整清单,就是由我们自己、我们的感觉材料及共相构成的。在这些东西中,唯有共相是公共的,唯有它们才是一个以上的人的可能的亲知对象。这种观点,连同论题 X 和 Y,使得罗素在我们能够谈论什么这个问题上得出了非常奇特的结论;例如,它使他断定,我们不能肯定关于俾斯麦的任何命题。考虑一下"B 是一位精明的外交家"就可以明白了——这里所说的 B 是对象俾斯麦。只有俾斯麦自己才能做出这一断定,而我们最多只能描述这样的命题,例如"断言德意志帝国的首任宰相这个实际对象是一位精明的外交家的命题"(第 31 页)。做出这类描述之后,我们就能断定唯一满足它的命题是真的。只是因为进入这类描述的共相是公共的,我们才能进行交流。我们所亲知的每一种其它对象都为我们所私有。

假如我们放弃论题 X,或者放弃在能说我们直接觉察到什么这个问题上罗素所提出的限制性学说,我们就不会被迫得出这个奇特的结论,即唯有俾斯麦才亲知俾斯麦。一个正在同俾斯麦谈话的人难道不是"直接觉察到"俾斯麦吗?还有,在可以被看作我所亲知的东西的任何通常意义上,我所亲知的是巴黎而不是巴西利亚。当然,这同与我的意识有关的事实之间具有某种联系。我亲知了巴黎,因为我已经在那儿,而且我不是在那儿睡觉,而是意识到了我周围的环境。就论题 Y 而言,假如我们把它与这种通常的亲知概念结合在一起,那么它就具有某种程度的合理性。例如,考虑"最长寿的人还没有出生"这个陈述。我可以断定那是真的。然而,在一种重要的意义上,它不是一个关于最长寿的人这个实际对象的判断。这是因为，假设我所充分了解的弗雷德事实上将成为最长寿的人，那么我的判断就是假的。但它仍然不是一个关于弗雷德的判断，也就是说，我不是在以一种明显错误的方式来断言弗雷德还没有出生。另一方面，我确实能在这种意义上做出一些关于弗雷德的判断，而若干世纪以前出生的其他人却不能，尽管他们能够断定最长寿的人还没有出生。那么，为了让一个人能做出关于弗雷德的判断，什么东西必须保持不变呢？这些问题以一种令人吃惊的方式变得错综复杂，并继续让哲学家们感到困惑。

自明、先天的及共相世界

从第六章往后，罗素考察我们如何才能知道一般原则。首先，他论证归纳原则本身既不能为经验所证明，也不能为它所否证；假如我们知道这个原则，那么它一定是通过其"内在证据"而被知道的（第38页）。归纳也不是我们通过这种方式而知道的唯一的一般原则。第七章补充说，基本的逻辑原则也是内在地被证明的，或者说"自明的"——事实上，按照罗素的观点，相比于归纳，它们具有更高程度的自明性。罗素使用传统的术语"先天的"，来指谓我们关于以自身的纯粹自明为基础的一般原则的知识；所说的这些一般原则，如果不是以自身的纯粹自明为基础的，那就是以它们从中演绎出来的原则的自明为基础的。他的意思是，我们能够先于或独立于经验所提供的证据而知道它们，尽管他承认，如果我们要觉察到它们，经验可能是必要的。逻辑原则也不是我们仅有的通过先天方式而知道的原则。伦理（关于内在地值得愿望的东西的学说)及算术原则也是这样的。

按照罗素的用法,"先天的"并不与"自明的"重合;这是因为,一方面某些先天原则不是自明的,而只是可以从自明原则中推论出来,另一方面,他把仅仅陈述什么样的感觉材料被给予了认识者的真理也归类为自明的。此外,由于他认为记忆就在于直接觉察到过去的感觉材料,这些自明的真理就将包括关于记忆中所给予的感觉材料的真理。这样的真理的知识,连同一些先天知识,即逻辑、算术及伦理方面的自明原则,也被说成是"直接的"或"直观的"。所有其它的知识都是"派生的"。

这个关于"直接的"、"直观的"或"自明的"知识的概念有一些深层次的困难。罗素从未适当地澄清这些困难,尽管他在第十一和十三章中做过一些尝试。他建议——

> 两个不同的概念结合在"自明"中……其中一个对应于最高程度的自明性,它实际上是真理的一种绝对可靠的保证;而另一个对应于所有其它程度的自明性,它不提供一个绝对可靠的保证,而仅仅给出一种程度或高或低的假定。(第68页)

后来,他解释说——

> 我们可以说,当我们亲知与一种真理相对应的事实时,这种真理就首先且完全绝对是自明的。(第79页)

现在,如果遵循罗素对"亲知"这个术语的使用方式,那就只能说我们亲知一个对象或事实——假如这个对象或者说这个事实存在着。因此,如果我确实亲知了我的信念与其相符合的事实,那么当然可以断定我的信念是真的。但是,我如何才能弄清我是亲知了它,还是仅仅好像亲知了它?

考虑一下我自己关于我的当前感官经验的知识。下述几点是看似有理的:(1)它不是从我关于某个其它事物的知识中推论出来的,而仅仅是"直接"觉察到感官经验;(2)假如我觉察到我有某种感官经验,那么我就具有这种感官经验;(3)假如我似乎觉察到我有某种感官经验,那么我就觉察到我具有它。对于罗素来说,这是关于第一种意义上的"直接的"或"直观的"知识的理想的例子。但是,现在比较一下关于记忆的情形。(1)我关于过去的感官经验的知识无需从我关于某种其它事物的知识中推论出来(当然,在某些情况下,它可以是这样的;例如,我可能忘记了我拥有某种经验,但是能从日记的一次记录中推断出我曾经确实拥有它);(2)假如我记得我拥有某种感官经验,那么我确实曾经拥有这种感官经验。假如我不拥有经验,那么我只是似乎记得拥有它。但正是在这点上,类比失效了。我们不能说:(3)假如我似乎记得我拥有一种感官经验,那么我就确实曾经拥有它。在没有真正记得某个事物的情况下,我可以带着全部的良心及绝对的真诚来表明自己似乎记得它。在第66页上,罗素承认了这一点。

关于先天的知识的情况又如何呢?这样的先天知识是如何可能的?这是康德极好地提出的一个问题。与经验论者相反,罗素赞同康德的这种看法,即并非所有先天知识都是"分析的"(第46页);而且他无疑比康德走得更远,因为他认为不仅数学不是分析的,而且逻辑也不是分析的。这是因为,他承认纯粹的逻辑推理能够提供新的知识(第 44 页——穆勒所强调的一点);但是,罗素拒绝康德对非分析的先天知识所做出的尝试性解释。他本质上主张,尽管康德的解释将会表明为什么(比如说)我们必然相信二加二等于四,但却没有解释二加二必然等于四(第 49 页)。

摆脱了康德和经验论,罗素就为自己的回答扫清了道路:我们的先天知识是关于共相及共相间的关系的直接的或直观的知识(这些关系当然也是共相)。他带着无辜的样子说,他的理论是修改过的柏拉图理论,但这些修改"仅仅是一些必要的修改,且此种必要性已为时间所表明"(第 52 页)。在第 54—55 页上,罗素简洁地主张,任何试图否定共相存在的人都至少必须承认类似这一关系共相。因此,每一个命题都一定包含共相,但并非每一个命题都一定包含殊相。关于共相间的关系的命题只包含共相,而且我们关于这些关系的知识可以是先天的。"一切先天知识都只涉及共相之间的关系"(第 59 页)。

然而,在一件事情上,经验论者是对的。我们不可能先天地知道某种事物存在(第 41 页)。所以,"我们的一切先天知识都是关于精神世界或物理世界中严格说来并不实际存在的实体的"(第 50 页)。罗素,像世纪之交的其他哲学家一样,不得不在存在、"潜存"(subsistence)或"有"(being)之间做出区分(第 56—57 页)。

这是一幅确实既不同于康德也不同于经验论者的图画。但是,它提出了一些显而易见而又非常严重的困难(除了令人不解的存在与有的区分之外的一些困难),而罗素没有处理这些困难。其中一个问题是这样的:为什么所有关于共相的命题都不能先天地被知道？"所有的人都是有死的"是一个普遍命题，因而只是由共相组成的。但是，罗素会承认它只能通过归纳而被知道。所以，它不是先天的——为什么不是？如果我们有直接的入口，可以通往共相的世界及共相间的关系的世界，那么为什么终究还需要归纳？在这些关系中，有些是先天可知道的，而有些则不是，这是如何可能的呢？

另一个问题涉及我们对共相的所谓的直接的觉察。就记忆而言，如我们所看到的那样，在记忆的经验与被记住的事物之间有一种差别。因为情况就是这样的，所以我能拥有关于记忆的经验而无需实际的记忆。在真正有记忆的地方，它包含某种形式的从被记忆的对象到记忆的经验的联系或传输。共相如何呢？这里，我所觉察到的共相也有别于我的意识（觉察）行为。显然，一定可以断定，我能在没有觉察到一种共相的情况下拥有觉察到它这样的一种经验。而且，也一定存在某种形式的从我确实觉察到的一种共相到我对它的觉察的联系或传输。

这种联系会是什么呢？这是一个谜——尤其是当我们谈论与一个无时间的有的世界的联系时。一个甚至更深的谜是这样的：对某些无时间的潜存的（subsistent）实体的亲知如何能为我提供关于存在世界的真理的知识呢？例如这样的知识：由于我是人，我将会死。但是，即使这些问题能被回答，罗素也只表明，在第二种意义即假定的意义上，而非在第一种意义即绝对的意义上，先天知识如何会是自明的。这是因为，就像关于记忆的情形一样，在似乎觉察到共相间的关系与实际觉察到这样的关系之间一定存在区分的可能。现在，假如我们承认（这是看似合理的），似乎记住某种东西确实为我们认为它曾发生过提供了一种假定的及可撤销的担保,那么我们也许就能够承认,似乎觉察到共相间的一种关系为我们认为它存在着提供了一种假定的担保。但是,这一点,尽管绝不是无价值的,却没有表明逻辑和算术具有罗素所希望它们具有的那种绝对确定性。经验论者还可以论证,这种"先天的"担保,正像关于记忆的假定的证据一样,能为经验所推翻。

哲学的性质与价值

略过第十二章所提出的关于真理与判断的独特的理论(参看所推荐的进一步阅读的文献)以及第十四章中关于黑格尔的讨论,我们最终转向罗素关于哲学的性质与价值的观点。略过的两个部分都以有趣的方式展开了罗素在关系问题上的思想。

他没有把哲学看成是本质上不同于科学的活动,而维特根斯坦和维也纳学派最终都是这样看的。哲学和科学都必须从本能信念和证据出发,并由那里确立一种关于世界的概念。不同之处在于,哲学更多地牵涉到批判与证据,特别是牵涉到批判地评论我们关于知识的主张(第 87 页)。但是,建设性的批判一定是从某种至少暂时被公认为知识的东西开始的;这与绝对怀疑论形成了对照,因为绝对怀疑论不会有什么结果。

哲学旨在获得知识,但是其价值主要在于其不确定性。它让心灵从狭隘的先入之见中解放出来。对宇宙的沉思孕育了心灵的伟大,但是"把宇宙比作人类"(第 92 页)的哲学并没有做到这一点——它们实际上是一种类型的自作主张。

显然，罗素关于哲学的价值的思想是与他关于物理学及共相的本能实在论联系在一起的。与这种本能实在论相联系的还有他的风格；罗素的风格是有吸引力的，它讲究实际，没有自我反讽，没有暗示，没有模棱两可，而这些特点也非常明显地出现在二十世纪其它有影响的哲学风格中。有趣的是，维特根斯坦极其不喜欢罗素的《哲学问题》，以至于伤害了两人间的友谊。他对罗素的判断理论持有技术上的反对意见，而且他在哲学上极其反感罗素不认真对待"自明"概念的做法，也反感罗素关于柏拉图的可先天认识的事实的概念。但是，他最强烈的性情化的反对意见是针对罗素的风格的，而且人们可以说这本书——尤其是最后一章——所表达的伦理态度才是维特根斯坦尤其反感的。

维特根斯坦从技术上提出的反对意见确实深深地动摇了罗素。他把哲学理解为一种自我消解的活动，这是一种非常不同于罗素的哲学概念；而正是维特根斯坦的这种哲学概念到头来支配着二十世纪中期的分析哲学。然而，尽管他的遗产产生了广泛的影响，但已不再占支配地位了。另一方面，罗素在本书中所表达的观点得到了今天许多哲学家的强力支持；这种支持既体现在罗素观点的许多细节上，也体现在罗素的一般哲学概念上——他把哲学理解为对本能信念和科学假说的批判性分析。像我们所注意到的那样，这些观点也牢固地出现在英国式的从事哲学的传统中。因此，这是从哲学上的一种——但却是唯一的一种——富有弹性的视角写成的一部导论，而其作者则是二十世纪哲学的最伟大代表。人们无法再合理地要求得到更多的东西。

序

在以下文字中，我主要限于谈论我认为有可能就其说出某种肯定性及建设性意见的哲学问题，因为纯粹做出否定性的批评似乎是不合适的。由于这个原因，知识论在本书中所占的篇幅就比形而上学大些，而且被哲学家们讨论很多的话题也处理得非常简洁，假如有所处理的话。

我从摩尔和凯恩斯未出版的作品中得到了有价值的帮助：从前者那里得到的帮助是关于感觉材料与物理对象的关系的，从后者那里得到的帮助是关于可能性与归纳的。我也在很大程度上受益于吉尔伯特·穆雷教授所提出的批评与建议。

1912 年

第十七次印刷注：

关于第 23、42、76 及 77 页上的某些陈述，我应该指出，本书写于 1912 年的早些时候，那时中国还是一个帝国，而且那时我们的已故首相的名字确实是以字母 B 开头的。

1943 年

第一章　现象与实在

在这个世界上，是否有一种非常确切以至于任何有理性的人都不会对其加以怀疑的知识呢？乍一看，这个问题似乎并不困难，然而它实际上是我们所能提出的最困难的问题之一。当我们以一种直接而自信的方式回答这个问题并意识到障碍时，我们就真正开始我们的哲学研究了，因为哲学只不过就是回答这类终极问题的尝试。这种研究并不是像我们在日常生活，甚至科学中那样以粗心而又武断的方式进行的，而是在考察使这个问题产生令人困惑的一切因素，并认识到隐藏于我们日常观念背后的种种模糊和混乱后所做的批判性研究。

经过一番更仔细的审查，我们通常会发现，有的事物充满了明显的矛盾，以至于唯有大量的思考才能使我们知道什么是我们可以真正相信的；而在日常生活中，我们假定很多这样的事物是确定的。在寻求确定性时，从我们的当前经验开始是自然而然的，而且在某种意义上，知识无疑就是从它们当中产生的。但是，在回答我们由当下的经验而知道的东西是什么时，任何答案都很有可能是错误的。我似乎觉得自己现在坐在一张椅子上，坐在某种形状的桌子旁，并且我看见桌子上有一些用来写字或打印的纸张。转过脸，我看到了窗外的建筑、云彩和太阳。我相信，太阳是在离地球大约9300万英里的地方,它是一个比地球大许多倍的炽热球体,并且由于地球的转动,它每天早晨都会升起,且在未来的一个不确定的时间内还将继续如此。我相信,假如任何一个别的正常人走进我的房间,他将会看到我所看到的椅子、桌子、书籍和纸张;而且我还相信,我所看到的桌子就是压在我手臂下的这张桌子。所有这一切似乎都很明显,以至于除非是在答复一个怀疑我是否知道某种东西的人,这些几乎不值得叙述。然而,我们仍可合理地怀疑这一切,而且在我们能够确信我们已通过一种完全真实的方式陈述了它们之前,我们尚需对这一切进行许多仔细的讨论。

为了使我们的困难变得更清楚,让我们把注意力集中在这张桌子上。看起来,它是长方形的、棕色的,并且有光泽;摸起来,它是光滑的、冷硬的;当我轻拍时,它会发出一种木质般的声音。任何其他看到、摸到和听到这张桌子的人,也都会同意这种描述,因此这里似乎不会出现什么困难;但是,一旦我们试图使我们的描述更精确时,麻烦就来了。尽管我相信桌子"确实"通体都是一种颜色,然而反光的部分看起来要比其它部分明亮得多,而且因为有了反射光,一些部分看起来是白的。我知道,假如我移动身体,反光的那些部分就会和先前有所不同,以至于桌子表面的颜色分布也将发生变化。可以断定,假如有几个人同时在看这张桌子,他们当中的任何两个人都不会看到完全相同的颜色分布,因为任何两个人都不能从完全相同的视点看到它,而视点的任何一种变化都会导致光的反射方式的某种变化。

对绝大多数的实际目的而言,这些差别无关紧要,但对画家来说,它们是极其重要的:画家不得不摒除一种弊习,即认为事物似乎具有常识认为其"实际"具有的颜色,同时又不得不养成一种习惯,即依其所显现出来的样子来看待事物。这里,我们已经开始做出一种区分了,即区分"现象"与"实在",区分事物看起来的样子与其本然的样子;在哲学上,这种区分是给我们带来绝大多数麻烦的诸多区分之一。画家想知道事物看起来是什么样子的,而现实的人和哲学家想知道它们本来是什么样子的。但是,哲学家的这种愿望比现实的人更强烈,并且比现实的人遭受更多的困扰,因为他们知道回答这个问题的困难何在。

再回来讨论这张桌子。显然,从我们所发现的来看,没有哪种颜色突出地表现为这张桌子本来的颜色,甚至也没有哪种颜色表现为它的任何一个特殊部分的颜色:从不同的视点看,它就表现出不同的颜色,而且没有理由认为,在这些不同的颜色中,一些颜色比另一些颜色实际上更接近其本身的颜色。而且我们知道,甚至从一个特定的视点看,非自然光线的照射似乎也会让颜色发生变化,对色盲的人或戴蓝色眼镜的人来说,颜色也不一样,而在黑暗中则全然没有颜色,尽管它摸起来和听起来不会发生变化。这种颜色并不是桌子固有的某种东西,它依赖于桌子、观察者及光线照射桌子的方式。在日常生活中,当我们提及桌子本来的颜色时,我们只是指一个正常的观察者在通常的光线条件下从通常的视点似乎可以看到的那种颜色。但是,在其它条件下呈现出来的诸多其它颜色同样有充分的权利被看作是真实的,而且为了避免偏倚,我们因此不得不否认桌子自身具有任何一种特殊的颜色。

在质地方面也会发生同样的事情。你用肉眼可以看到木材的纹理,但以别的方式看,桌子是光滑的、平坦的。假如我们通过显微镜来看它,我们就会看到凹凸、山丘、沟谷以及肉眼不可能看到的种种差别。在这些当中,哪一张是"实在的"桌子呢？我们自然地倾向于说,我们通过显微镜所看到的是更实在的,但是反过来说,当用功能更强大的显微镜来看时,情况又会有所变化。于是,假如我们不能信任肉眼所见的东西,那么为什么我们就应该信任经由显微镜所看到的东西呢？因此,对我们由之开始的感官的信任再一次背叛了我们。

从桌子的形状方面看,情况也不比这更好。我们全都习惯于根据事物的"实际的"形状下判断,而且我们在这样做时是不加反思的,以至于到头来我们认为自己事实上看到了实际的形状。但其实,就像我们都必需了解的那样,假如我们试着去画画,那么在形状上,一个特定的事物从每一个不同的视点看起来都会有所不同。如果我们的桌子"实际上"是长方形的,那么几乎从任何视点看,它都好像有两个锐角和两个钝角。如果两条对边是平行的,它们看起来就会收敛于远离观察者的一个点。如果两条对边是等长的,那么离观察者较近的一边看起来更长。在观看一张桌子时,所有这些通常都不会被人注意到,因为经验已经教导我们要从表面的形状来构造"实际的"形状,而"实际的"形状就是我们现实的人所感兴趣的东西。但是,"实际的"形状并不是我们所看见的东西,它是从我们所看见的东西中推论出来的某种东西。而且,当我们在房间内四处走动时,我们所看见的东西在形状上是不断变化着的;因此在这里,感官似乎还是没有为我们提供桌子自身的真相,而只是提供了关于桌子的现象的事实。

当我们考虑触觉时,也会出现同样的困难。确实,桌子始终给我们一种硬的感觉,而且我们觉得它抗压。但是,我们获得的感觉依赖于我们用多大的力气来按压它,同时也依赖于我们用身体的哪一部分来按压它。因而,我们不能认为,由不同的压力和身体的不同部位所带来的种种感觉,直接揭示了桌子的某种确定的性质;它们至多是代表着可能造成了所有感觉的某种性质的标志,而且这种性质实际上并未明显地出现在任何一种感觉中。就敲击桌子所能产生的声音而言,这里所说的情况更明显。

因而,实在的桌子,如果存在的话,显然并不是我们通过视觉、触觉或听觉而从当下经验到的东西。它如果存在的话,根本就不是我们当下知道的东西,而一定是从我们当下知道的东西中所做的一种推论。因此,这就立即出现了两个困难:(1)真的有一张实在的桌子吗?(2)如果有,它可能是什么样的对象?

在考虑这些问题时,拥有几个意义确定而清晰的简单术语对我们是有帮助的。我们且把"感觉材料"这个名称给予我们在感觉中直接觉察的东西,比如颜色、声音、气味、硬度、糙度等等。我们将把"感觉"这个名称给予当下意识到这些东西的经验。因而,每当我们看见一种颜色时,我们就拥有一种关于该颜色的感觉,但该颜色本身是一种感觉材料,而非一种感觉。这种颜色就是我们直接觉察到的东西,而意识自身则是所说的感觉。显然,假如我们要知道关于桌子的任何东西,那都一定是通过棕色、长方形、光滑等感觉材料而知道的,这些感觉材料就是我们将其与桌子联系在一起的东西。但是,出于我们已经给出的理由,我们不能说桌子是感觉材料,甚至也不能说感觉材料直接就是桌子的性质。因而,假如存在实在的桌子的话,这就出现了一个问题,即感觉材料与实在的桌子之间的关系问题。

我们将把实在的桌子称为"物理对象"——假如这种东西存在的话。因而,我们必须考虑感觉材料与物理对象的关系。我们把所有物理对象的集合称为"物质";这样的话,我们的问题可以重新表述如下:(1)存在物质这样的东西吗?(2)假如存在的话,它的性质如何?

在哲学家当中,巴克莱主教(1865－1753)第一个明确地提出一些理由,来说明我们的感官的直接对象并不是独立于我们而存在的。他的《海拉斯和菲洛斯反对怀疑论和无神论的三篇对话》一书就是要证明根本不存在物质这样的东西,世界只是由心灵及其观念组成的。海拉斯一直是相信有物质的,但他说不过菲拉斯,后者无情地将其驱入自相矛盾与似是而非的境地,最终让人觉得他对物质的否定几乎就是常识。巴克莱所使用的论证具有非常不同的价值:有些是重要的、合理的,有些是混乱的、模棱两可的。但是,巴克莱保留了论证中的优点;这个优点表明,物质的存在能被合情合理地加以否定,而且假如存在任何独立于我们而存在的东西,那么它们一定不是我们的感觉的直接对象。

当我们问物质是否存在时,会出现两个不同的相关问题;始终弄清这两个问题是重要的。我们通常用"物质"来意指某种相对于"心灵"的东西,我们认为它占据空间,且根本不能思考,也没有任何意识。巴克莱主要是在这个意义上否认物质的,也就是说,对于通常被我们当作桌子存在之标记的感觉材料,他并不否认它们确实是独立于我们的某种东西的存在标记,但他确实否认这种东西是非精神的,否认它既不是心灵,也不是某个心灵所拥有的观念。

第一章　现象与实在

他承认,当我们离开房间或闭上眼睛时,一定有某种继续存在的东西;他承认,当我们称我们看见桌子时,我们就确有理由相信,即使我们不再看桌子,也有某个东西持续存在着。但是,他认为,这个东西在性质上不可能根本不同于我们所看见的东西,也不可能完全独立于看的行为,尽管它一定独立于我们的看的行为。这样一来,他不得不认为"实在的"桌子是上帝心灵中的一个观念。这样的观念具有必要的永恒性和相对于我们的独立性,并且不是某种完全不可知的东西——如果说完全不可知指的是我们只能对它做出推论而绝不能直接而又立即意识到它的话;而与此相反,物质就是某种完全不可知的东西。

自巴克莱以来,另外一些哲学家也认为,尽管桌子的存在并不依赖于我是否看它,但它确实依赖于被某个心灵看到,要不就是依赖于在感觉中为某个心灵所理解;但是,这样的心灵并不必然是上帝的心灵,而时常更是宇宙的整体的共同心灵。他们之所以坚持这样的观点,也和巴克莱一样,主要是因为他们认为,除了心灵及其思想和感觉外,不存在什么实在的东西,或者无论如何,不存在被人认识到的实在之物。通过如下这样的某种方式,我们也许可以陈述他们由以支撑其观点的论证:"人们所能想到的任何东西,都是想到它的那个人的心灵中的一个观念;因此,除了心灵中的观念,没有什么东西能被人想到;可以进一步说,任何其它的东西都是不可构想的,而不可构想的东西是不能存在的。"

在我看来,这样的论证是不合理的;当然,提出这种论证的人,并没有说得如此简洁,如此粗糙。但是,不管这个论证是否合理,它都以这种或那种形式非常广泛地被人接受了;而且,很多哲学家，也许是大多数哲学家，都已认为除了心灵及其观念外，不存在实在的事物。这样的哲学家被称为"唯心论者"。当他们开始解释物质时，他们或者像巴克莱一样，说物质只是观念的集合，或者像莱布尼茨(1646-1716)一样，说作为物质而出现的东西事实上或多或少就是原始心灵的集合。

这些哲学家，尽管否认与心灵相对的物质，但仍然在另外一种意义上承认它。要记住，我们在前面问了两个问题，也就是：(1)真有一张实在的桌子吗？(2)如果有，它会是哪一种类型的对象呢？现在，巴克莱和莱布尼茨都承认有一张实在的桌子，但巴克莱说它是上帝心灵中的一些确定的观念，而莱布尼茨说它是一些心灵。因而，他们两人都以肯定的方式回答了我们的第一个问题，而只是在回答第二个问题时才与普通人的观点有了分歧。事实上，几乎所有哲学家似乎都承认有一张实在的桌子：他们差不多全都认为，不管我们的感觉材料——颜色、形状、光滑等等——可能在多大程度上依赖于我们，它们的出现都依旧是独立于我们而存在的某种事物的一个标记；而这种事物也许完全不同于我们的感觉材料，并且每当我们与这张实在的桌子处于一种适当的关系时，它就被认为是产生这些感觉材料的东西。

现在我们看到，哲学家们一致认为有一张实在的桌子——不管它的性质如何。显然，他们一致同意这一点是极其重要的。在接着探讨实在的桌子的性质这个更进一步的问题之前，值得我们考虑的是，有什么理由来接受这种观点。因而，在下一章，我们所要关心的问题是，当我们设想终究有一张实在的桌子时，我们的理由是什么。

第一章 现象与实在

在我们深入下去之前,合适的做法是思考一下我们迄今发现了什么。我们看到,假如我们任取一个被假定为感官所认识的日常对象,那么感官在当下所告诉我们的,并不是关于与我们有所分别的对象的真理,而只是关于某些感觉材料的真理;而且,就我们所能看到的而言,这些感觉材料依赖于我们与对象之间的关系。因而,我们直接看到和摸到的只是"现象",而且我们相信这种现象是隐藏在背后的某个"实在"的一个标记。但是,假如这个实在并不就是所显现出来的东西,那么我们有办法知道是否终究存在某种实在吗?并且,假如存在的话,我们是否有办法发现它是什么样子呢?

这些问题令我们头疼,而且即使对于最奇特的假说,我们也难以知道它可能是不真的。因而,我们所熟悉的这张迄今几未引起我们思考的桌子,现已成为一个充满着诸多惊人的可能性的问题了。关于它,我们所知道的一件事情是,它并不是它所看上去的那个东西。到此为止,在这个谦逊的答案之外,我们完全可以任意猜测。莱布尼茨告诉我们,它是一些心灵;巴克莱告诉我们,它是上帝心灵中的一个观念;几乎同样不乏精彩的是,严肃的科学告诉我们,它是由数量巨大的剧烈运动的电荷所构成的一个集合。

若对这些惊人的可能性产生怀疑,我们也许就会认为根本不存在桌子。哲学,假如不能像我们所希望的那样回答如此多的问题,那至少也有权利来问一些提升我们对这个世界的兴趣的问题,并指出,即使在日常生活的最普通事物的表面之下,也隐藏着奇特与精彩。

第二章 物质的存在

在本章中,我们必须自问,是否终究在某种意义上存在像物质这样的东西。有一张具有某种内在性质且在我没有看它时也会继续存在的桌子吗?或者说,这张桌子仅仅是我的想象的一个产物,是在一场持续很久的梦中的桌子吗?这个问题是极其重要的,因为假如我们不能确定对象的独立存在,那么我们就不能确定他人身体的独立存在,而且因此也就更不能确定他人心灵的独立存在,因为除了那些从观察他人身体的行为中而获得的证据以外,我们没有其它理由相信他人心灵。因而,假如我们不能确定对象的独立存在,我们将被孤零零地遗留在一片沙漠之中——也许整个外部世界只是一场梦,我们是唯一的存在物。这是一种令人不舒服的可能性,但是尽管它不能严格被证明为假的,也几乎找不到丝毫理由来设想它是真的。在本章中,我们必须看一看情况为什么是这个样子的。

在我们着手研究可疑的问题之前,让我们试图发现某个或多或少固定了的出发点。尽管我们正在怀疑这张桌子的物理的存在,我们并没有怀疑使我们认为有一张桌子的感觉材料的存在;我们并没有怀疑,当我们看的时候,某种颜色和形状就向我们显现,而且当我们按压时,某种硬的感觉就会被我们经验到。所有这一切都是心理的,而且我们并没有对其产生疑问。事实上,不管我们可以怀疑什么其它的东西,我们当下经验中至少有某个东西似乎是绝对确定的。

笛卡尔(1596 - 1650)这位近代哲学的奠基者,发明了一种现在仍可有益地加以使用的方法——系统怀疑法。他决定相信,没有被他清楚明白地看到的东西都不是真的。他会怀疑他所能怀疑的任何东西,直到发现没有理由怀疑为止。但是,通过应用这种方法,他逐步确信,他能完全肯定的的唯一存在就是他自己的存在。他想象,有一个骗人的恶魔在连续的幻觉中把非实在的事物呈现于其感官前。这样的一个恶魔的存在也许是概率很小的事情,但这依然是一种可能性;而且,怀疑感官所感知到的事物因此也是可能的。

但是,怀疑他自己的存在则是不可能的,因为假如他不存在,就没有恶魔能够欺骗他。假如他怀疑,他就一定存在;假如他拥有不管什么样的经验,他就一定存在。因而,他的存在对他而言是完全确定的。他说,"我思故我在"(*Cogito*, *ergo sum*);以这样的确定性为基础,他开始再次建立被他的怀疑所毁灭了的知识世界。通过发明怀疑法,并表明主观的东西是最确定的,笛卡尔对哲学做出了一次重大贡献,而且对于这个学科的所有研究者而言,这一贡献使他至今仍然是重要的。

但是,在使用笛卡尔的论证时,必须多加小心。"我思故我在"并未表达出严格意义上确定了的东西。我们似乎完全肯定今天的我们就是昨天的我们,而且这在某种意义上无疑是真的。但是,实在的自我,就像实在的桌子一样,是难以达到的,而且似乎并不具有特殊经验所具有的那种绝对而又令人信服的确定性。当我看我的桌子并发现某片棕色时,立刻能够完全确定的东西并不是"我看见一片棕色",而是"一片棕色被看见了"。这当然牵涉看见这片棕色的某个事物(或某个人),但这本身并不牵涉被我们称为"我"的那个或多或少永久存在的人。就当下能够确定的而言,看见这片棕色的某种东西也许完全是瞬间性的,而并不就是下一时刻具有某种不同经验的东西。

因而,正是我们的特殊思想和感觉才具有根本的确定性。除正常的知觉以外,就梦和幻觉而言,情况也是这样的:当我们梦到或看见幽灵时,我们确实具有我们认为我们具有的感觉,但是由于种种原因,我们认为没有哪种物理对象对应于这些感觉。所以,不必因为担心例外情况的出现,而对关于我们自己的经验的知识所具有的这种确定性加以限制。因此,不管怎样,我们在这里都具有了我们开始追求知识时所由以出发的一个坚固基础。

我们必须考虑的问题是:假如我们相信我们自己的感觉材料,那么我们有理由认为它们是某种其它事物即我们所说的物理对象存在的标志吗?当我们列举出被我们自然地认为与桌子相联系的所有感觉材料时,我们是否说出了与这张桌子相关的一切东西,抑或还漏下了其它某种东西?这里所说的其它某种东西,指的是不同于感觉材料的某种东西,也就是在我们走出房间后还会继续存在的某种东西。常识会毫不犹豫地回答说:有这样的东西。一个东西,如果能被我们买和卖,能被我们在周围推来推去,能让我们把一块布置于其上,如此等等,那就不可能只是感觉材料的集合。假如布完全盖住了桌子,我们将不会从桌子所在处获得任何感觉材料；因此，假如桌子真的只是感觉材料，那么它就不再存在了，而且这块布也就悬浮在空中了，并会奇迹般地停留于桌子先前所在的那个位置。这听起来显然是荒唐的，但不管是谁，他若要希望成为哲学家，就必须学会不要被诸多荒唐所吓到。

为什么会认为除了感觉材料之外我们还必须保证有一个物理对象呢？一个重要的原因在于，我们希望不同的人看到的是同一个对象。当十个人围坐在一张餐桌边上时，如果认为他们看到的不是同样的台布、同样的刀叉、同样的汤匙和杯子，那似乎是可笑的。但是，感觉材料属于每一个个人，当下呈现给一个人的视觉的东西并不就是当下呈现给另一个人的视觉的东西：他们全都从稍微不同的角度看到了一些事物，因此他们也是以稍微不同的方式看到这些事物的。因而，假如有公共的中立的对象，并且这些对象可以在某种意义上被许多不同的人所认识，那么除了不同的人所看到的私有的和特殊的感觉材料以外，一定还存在某种东西。那么，我们有什么理由相信存在这样的公共的中立的对象呢？

人们自然会想到的第一个答案是，尽管不同的人能以略有不同的方式看到这张桌子，但当他们看桌子的时候，他们全都看到了或多或少类似的东西，而且他们所见之物的变化遵循视角法则和光的反射法则，以至于很容易在所有不同的人的感觉材料的背后获得一个永久的对象。我从我的房间的先前的主人那里买来了这张桌子；我不可能买来他的感觉材料，那些感觉材料在他离开时就消失了，但我能够且确实买来了对或多或少类似的感觉材料的自信期待。因此，正是因为不同的人具有类似的感觉材料，并且一个处于给定位置的人在不同的时间也具有类似的感觉材料，我们才会猜想,感觉材料之外还有一个永久的公共对象,并猜想那个对象隐藏于不同的人在不同的时间所具有的感觉材料的背后,或者说,是它导致了那些感觉材料的产生。

上述考虑依赖于这样一个假定,即除了我们自己之外还有他人存在;就此而言,这些考虑回避了刚刚所讨论的那个问题的实质。他人也是通过某些感觉材料而呈现给我的,比如说我看到了他们,我听到了他们的声音,因此假如我真的没有理由相信存在独立于我的感觉材料的物理对象,那么除了他人是我的梦的一部分,我就没有理由相信他人存在。因而,当我们试图指出一定有独立于我们自己的感觉材料的对象时,我们不能使用他人作为证据,因为这个证据本身也是由感觉材料构成的,而且没有揭示他人的经验,除非我们自己的感觉材料是独立于我们而存在的事物的标记。因此,假如有可能,我们必须在我们自己的纯粹私人的经验里发现一些特征,这些特征会指出或倾向于指出终究会有不同于我们自身和我们私有经验的事物。

在某种意义上,必须承认,我们绝不能证明不同于我们自己及我们的经验的东西的存在。如果假定,世界是由我自己、我的思想、我的感情及我的感觉构成的,因而每一种其它的东西都只不过是我的想象,那么从逻辑上说,这丝毫不荒唐。在梦中我们似乎可以看到一个非常复杂的世界,而醒来时我们发现它仅是一种幻觉;换句话说,我们发现梦中的感觉材料,好像并不对应于我们自然而然地从感觉材料中推论出来的物理对象。(确实,当我们假定了物理世界的存在时,就有可能为梦中的感觉材料找到物理的原因:例如,当有人大声敲门时,我们可能就会梦到一场海战。一场真实的海战会以某种适当的方式对应于这样的感觉材料;但是在这种情况下,尽管该感觉材料具有一种物理的原因,却并不存在一个以某种适当方式与其对应的物理对象。)假定整个生命就是一场梦,且我们自己在这场梦中创造了出现在我们面前的一切对象,那么这在逻辑上并不是不可能的。但是,尽管如此,我们也没有任何理由来设想这是真实的;而且事实上,这个假定若被看作一种解释我们自己的生命的事实的手段,那么它并不比常识的假定来得简单。根据常识的假定,确实存在一些独立于我们的对象,而且当它们作用于我们时,我们就会产生感觉。

不难发现,当假定确实存在物理对象时,一切都就简单了。假如猫在一个时刻出现于房间的一个地方,而在另一个时刻出现于房间的另一个地方,那么,设想它在经过一系列的中间位置后从一个地方走到了另一个地方,就是自然而然的。但是,假如它只是一组感觉材料,那么它就不可能到过我未曾看到它出现过的任何地方。因而,我们将不得不假定,在我未曾看它时,它根本没有存在过,而是在一个新的地方突然产生的。假如不管我是否看见了它,它都是存在的,那么依我们自己的经验,我们就能知道它在两餐之间是如何变饿的;但是,假如我未看见它时,它是不存在的,那么我们似乎就无法理解其胃口在其不存在时会像在其存在时那样快速产生。再说,如果猫只是由感觉材料构成的,它就不会饿,因为除了我自己的饥饿以外,任何别的饥饿都不可能是我的感觉材料。因而,当这些感觉材料把猫呈现给我时,它们的变化,若被视为饥饿的表达,似乎是相当自然的;但若纯粹被视为若干片颜色的运动和改变,这种变化就变得完全不可理解了,因为颜色不会饿,这正如三角形不会踢球一样。

但是,与关于人的情况相比,关于猫的情况所涉及的困难完全不值一提。当人说话时,也就是说,当我们听到某些我们将其与一些观念联系在一起的声音,同时又看到嘴唇的某些张合动作及面部的表情时,很难设想我们所听到的东西并非一种思想的表达,因为我们知道,假如我们发出同样的声音,它们就会表达某种思想。当然,同样的情况也会出现在梦中:在梦里,我们会弄错他人的存在。但是,梦或多或少是由我们所谓的清醒状态下的生活所暗示的,而且如果我们假定确实有一个物理世界的话,那么梦就可以或多或少依据科学原理而得到解释。因而,每一条简单原理都驱使我们采纳如下这样的自然的观点:除了我们自己及我们的感觉材料之外,确实还有不依赖于我们的感知而存在的对象。

当然,我们最初并不是通过论证才相信有一个独立的外部世界的。一旦我们开始反思,我们就会发现自己本来已经具有这样的信念了:它可以被称为本能的信念。如果不是因为——无论如何,就视觉而言——人们似乎本能地相信感觉材料自身就是独立的对象,而论证却又表明对象不可能就是感觉材料,那么我们绝不会对这种信念产生怀疑。然而,这种发现并未削弱我们这样的本能信念,即存在与我们的感觉材料相应的对象。(事实上,就味觉、嗅觉和听觉而言,这种发现并未导致丝毫矛盾,而就触觉而言,只是稍微导致了一点矛盾。)既然这种信念并不会导致很多困难,而且恰恰相反,它有助于使我们关于自身经验的解释变得简单化和系统化,所以似乎没有任何恰当的理由来拒绝它。因此,我们可以承认外部世界是确实存在的,而且其存在并不完全依赖于我们对它的连续感知,尽管梦中的情形让我们对此有一点怀疑。

导致我们得出这个结论的论证无疑并不像我们所能期待的那样有力,但是在许多哲学论证中它是有代表性的;因此,对我们来说,简单地思考一下其一般特征和有效性是值得的。我们发现,所有知识都必须建立在我们的本能信念之上,而且假如这些本能信念被抛弃了,那就不再有知识了。但是,在我们的本能信念中间,有些比另外一些要有力得多,而通过习惯与联想,许多本能信念与实际上的非本能信念牵扯在一起,这些非本能信念被误以为是本能信念。

哲学应该对我们的本能信念进行分级,这种分级要从我们最坚定地持有的那些信念开始,并尽可能将每一种信念都从与其不相关的附加物中剥离出来,使其不再受它们的影响。我们应该指出,在做最终的解释时,我们的本能信念不应彼此矛盾,而要形成一个协调一致的体系。绝不可能有任何理由来拒绝一种本能信念,除非它与别的本能信念相冲突。因而,假如发现它们是协调一致的,整个体系就值得接受了。

当然,我们的所有信念或其中任何一个都可能是错误的;因此,我们应该至少带着某种轻微的怀疑态度来持有它们。但是,除非以某个别的信念为根据,我们不可能有理由来拒绝一个信念。因此,通过组织我们的本能信念及其推论,通过思考它们当中哪一个最有可能被修订或放弃(假如有必要的话),在把我们本能地相信的东西作为唯一的材料接受下来的基础上,我们就能够有条理有系统地组织我们的知识了;在这样的组织中,尽管错误的可能性依然是存在的,但是通过各部分之间的相互关联以及在默认之前所做的批评性审查,这样的可能性就被降低了。

至少,哲学能够履行这样的职能。绝大多数哲学家都或正确或错误地认为,哲学能做的要比这多得多——它能够给我们以某种知识,这种知识关乎作为一个整体的宇宙,也关乎终极实在的性质,而且是通过其它方式所不能获得的。无论情况是否如此,我们所谈及的这种最谦虚的职能当然是哲学能够完成的,而且对于那些一度怀疑常识之恰当性的人,这种职能当然足以证明哲学问题所包含的那些辛勤而又困难的劳动是正当的。

第三章 物质的性质

在前一章中,尽管找不到可以用来证明的理由,我们还是承认下述信念是合理的:我们的感觉材料,比如说我们认为与我的桌子相联系的那些材料,实际上是独立于我们及我们的知觉的某种东西的存在的标志。换句话说,颜色、硬度及声音等等感觉构成了桌子所给予我的现象,而在这些感觉之外,我还假定存在着某种其它东西,且这些感觉只是这种东西的现象。当我闭上眼睛的时候,颜色就不再存在了;当我的手臂不再接触桌子的时候,硬的感觉就不复存在了;当我不再用指关节敲击桌子时,声音就消失了。但我相信,当所有这些东西都不存在时,桌子并不会消失。恰恰相反,在我看来,正因为桌子是连续存在的,当我睁开眼睛、重新放下手臂并开始再次用指关节敲击桌子时,所有这些感觉材料都将再次出现。在本章中,我们要考虑的问题是:这张独立于我对它的知觉而持续存在的实在的桌子,具有什么样的性质呢?

对于这个问题,物理科学给出了一种答案。这种答案事实上不怎么完全,而且部分说来还带有很大的假设性,但就其本身而论仍然是值得重视的。物理科学或多或少无意识地落入这样一种观点,即一切自然现象都应该还原为运动。光、热、声都是由波动造成的,而波动从发出光、热、声的物体传播到了看见光、触到热或听到声的人。具有这种波动的东西要么是以太,要么是"肉眼可见的物质";但不管属于哪一种,它们都是哲学家将会称之为物质的东西。科学所赋予这种东西的仅有的性质是空间中的位置和依法则而运动的力量。科学不否认它可能还有别的性质,但是,假如有这些性质,这些其它性质对从事科学的人来说也没有什么用处,而且丝毫无助于他对现象的解释。

14 人们有时说"光是一种波动的形式",但是这会让人产生误解,因为我们当下看到的光,或者说,我们通过感官直接知道的光,并不是一种波动的形式,而是某种完全不同的东西:如果我们不是盲人,我们都会知道这种东西,尽管我们无法为了传达我们的知识而向盲人描述它。相反,波动可以通过相当恰当的方式被描述给一个盲人,因为他能通过触觉而获得一种空间的知识,而且通过一次海上航行,他几乎也能像我们一样经验到波动。但是,这种波动虽是盲人所能理解的,却不是我们用光所指的东西:我们仅仅用光来指盲人绝不能理解且我们绝不能向他描述的东西。

现在,根据科学,我们这些拥有正常视力的人全都知道的这种东西,其实并不是在外部世界中被发现的:它是一定的波作用于看见光的人的眼睛、神经及头脑而产生的某种东西。当人们说光是波时,实际上是在说波是我们的光感觉的物理原因。但是,至于光本身,即有视力的人所经验到的而盲人不能经验到的这种东西,科学并不假定它构成了独立于我们及我们的感觉而存在的世界的任何一部分。而且,非常类似的话也适用于其它类型的感觉。

不仅颜色和声音之类的东西是科学的物质世界所缺乏的,而且我们通过视觉和触觉所获知的空间也是如此。对于科学来说,

第三章 物质的性质

必不可少的一点是,它的物质必须是在一个空间中,但物质处于其中的这个空间不可能恰好就是我们看到或触到的那个空间。首先,我们所看到的空间并非是我们通过触觉所获知的空间。唯有通过年幼时期的经验,我们才能知道如何触摸我们所看到的事物,或者说如何找到我们觉得正触及着我们的事物。但是,科学的空间是介于触觉和视觉之间的中立空间,因而它既不可能是触觉空间,也不可能是视觉空间。

再者,因为所处的角度的不同,不同的人会认为相同的对象具有不同的形状。例如,就一枚圆币而言,尽管我们始终判断它是圆的,但是除非我们从正面着眼,它看起来将会是椭圆的。当我们判断它是圆的时,我们就是在断定它有一种真实的形状;这样的形状并不是圆币的表面形状,它本质上属于圆币而又不同于圆币看起来的样子。这种真实的形状就是科学所关心的形状,但是它一定处于真实的空间中,而真实的空间不同于任何人所看到的表面的空间。真实的空间是公共的,而表面的空间是感知者所私有的。在不同的人的私人空间中,相同的对象似乎具有不同的形状;因而,具有其真实形状的真实空间一定不同于私人空间。所以,科学的空间尽管与我们看到和触摸到的空间联系在一起,然而并非就是它们,而且我们需要对它们的联系方式进行考察。

我们暂且承认,物理对象虽然不可能完全类似于我们的感觉材料,但可以被看作引起我们的感觉的东西。这些物理对象处于科学的空间中,我们可以把这种空间称为"物理"空间。重要的是要注意,假如我们的感觉是由物理对象引起的,那么就一定存在一种包含这些对象和我们的感官、神经及脑的物理空间。当我们触及一个对象时,我们就从它那里获得一种触觉;所谓触及一个对象,指的是我们身体的某个部分占据了物理空间中的一个位置,且该位置完全接近这个对象所占据的空间。当物理空间中的一个对象和我的眼睛之间没有任何不透明的物体时,我们就看到了这个对象(大致说来)。类似地,仅当我们充分靠近一个对象时,或当它触及我们的舌头时,或当它在物理空间中占有某个相对于我们的身体的适当位置时,我们才听到或闻到或尝到这个对象。除非我们认为一个特定的对象与我们的身体都处在同一个物理空间中,否则我们就无从陈述在不同的条件下我们将会从该对象那里获得哪些不同的感觉,因为主要是这个对象与我们的身体的相对位置决定着我们将从这个对象那里获得什么样的感觉。

现在,我们的感觉材料在我们的私人空间中:要么在视觉空间中,要么在触觉空间中,要么在其它感官所能为我们提供的更加模糊的空间中。如果像科学和常识所假定的那样,存在一种物理对象均处于其中的包含一切的公共物理空间,那么物理空间中的物理对象之间的相对位置,一定或多或少对应于我们的私人空间中的感觉材料之间的相对位置。我们可以毫无困难地设想情况就是这样的。假如我们在一条路上看到一所房子比另一所房子离我们近,那么我们的其它感官也会证实这所房子离我们近;比如说,如果我们沿着这条路走下去,我们将会先到达这所房子。其他人也会承认,看起来离我们近的这所房子事实上就是离我们近的。从军事地图上看,也可以得出这样的结论。因而,一切都表明着两所房子之间的一种空间关系,这种空间关系与当我们看房子时我们所看到的两种感觉材料之间的空间关系是一致的。于是,我们可以做出这样的假定：有一种物理空间，在这种空间中，物理对象具有一些空间关系，而这些空间关系与相应的感觉材料在我们私人空间中所具有的空间关系是一致的。几何学所处理的空间，以及物理学和天文学所假定的空间，正是这种物理空间。

假定存在物理空间，并且也假定它确实是通过这样的方式与诸私人空间保持一致的，那么关于它，我们能知道些什么呢？我们仅能知道，为了保证这种一致，什么东西是必要的。也就是说，我们完全不能知道它本身是什么样子，但我们能够知道物理对象的排列类型，因为这种排列是从物理对象的空间关系中产生的。例如，我们能够知道，在日食或月食期间，地球、月亮和太阳处在同一条直线上，尽管我们不能像知道我们的视觉空间中的一条直线的外观那样，知道物理的直线本身是什么。因而到头来，我们对物理空间中的诸距离之间的关系的了解，要比对距离本身的了解多得多。我们可以知道，一处距离比另一处距离远，或者一处距离和另一处距离位于同一条直线上，但是我们不能直接亲知物理的距离，而在我们的私人空间中，我们则能够亲知距离、颜色、声音或其它感觉材料。一个天生的盲人可以经由他人而对视觉空间有所了解，而他在视觉空间方面所知道的全部东西，我们在相应的物理空间方面也都知道；但是，一个天生的盲人在视觉空间方面绝不能知道的那些东西，我们在相应的物理空间方面也不能知道。为使物理空间与感觉材料保持一致，关系必须具有某些特性；我们能够知道这些特性，但我们不能知道关系项的性质。

在时间方面，众所周知，我们所拥有的持续感或流逝感，是时钟上所流过的时间的一种靠不住的向导。当我们遇到烦恼或遭受痛苦时,时间过得慢;当我们心情愉快地专注某事时,时间过得快;当我们睡觉时,时间几乎就不存在了。因而,就时间是一种持续的东西而言,如同在空间方面一样,同样有必要区分公共时间与私人时间。但是,就时间是一种先后顺序而言,则没有必要做这样的区分;诸事件似乎具有的时间顺序,就我们所看到的而言,与它们确实具有的时间顺序是一样的。无论如何,我们找不到理由来设想两种顺序是不一样的。在空间方面,情况也是一样的:假如一大群人在沿着一条路行走,那么这群人的形态从不同的角度看是有所不同的,但是不管从哪个角度看,他们都将表现为同一种排列顺序。因此,我们认为这种顺序在物理空间中也是真实的,而形态,就我们需要用它来保持这种顺序而言,仅仅被设想为与物理空间相一致。

当我们说事件似乎具有的时间顺序与其实际具有的时间顺序是一样的时,有必要提防一种可能的误解。感觉材料构成了关于物理对象的知觉;但不可设想,处于各种状态中的不同物理对象所具有的时间顺序,就是与其相应的感觉材料所具有的时间顺序。由于被看作物理对象,雷鸣和闪电是同时发生的;也就是说,闪电是与空气的振动同时发生的——这里所指的空气是最早发生振动处的空气,或者说是闪电所在处的空气。但是,直到空气的振动传播到了我们所在的地方,我们才有了被称之为听到雷声的感觉材料。同样地,阳光到达我们这里大约需要八分钟的时间;因而,当我们看见太阳时,我们是在看八分钟以前的太阳。就我们的感觉材料为物理的太阳提供了证据而言,它们提供了八分钟以前的物理的太阳的证据。假如物理的太阳在最近的八分钟之内不再存在

第三章　物质的性质

了,那么这对我们称之为"看见太阳"的感觉材料是没有影响的。这为我们提供了一个新的例子,以表明有必要在感觉材料与物理对象之间做出区分。

我们在空间方面所发现的东西,在很大程度上代表着我们在感觉材料与其物理的对应物是如何一致的这个问题上将要发现的东西。假如一个对象看起来是蓝的,而另一个看起来是红的,那么我们就可以合理地推断这两个物理对象之间有着某种相应的差别;假如这两个对象看起来都是蓝的,那么我们可以推断它们之间有着某种相应的类似。但是,我们不能期望直接亲知物理对象中使其呈现出蓝色或红色的性质。科学告诉我们,这种性质是某种波动;这听起来很熟悉,因为我们想到了我们所看到的空间中的波动。但是,波动一定是真正发生在我们没有直接亲知的物理空间中的;因此,真实的波动并不为我们所熟悉,而我们也许以为我们熟悉它们。还有,在颜色问题上所谈及的这些,也十分类似于在别的感觉材料方面所要谈及的。因而我们发现,尽管物理对象之间的关系具有一切可知的特性,而这些特性来自于这种关系与感觉材料之间的关系的一致性,但是,至少在感官所能发现的范围内,物理对象自身的内在性质依然是未知的。是否有其它的方法能用来发现物理对象的内在性质,依然是一个问题。

无论如何,就视觉方面的感觉材料而言,首先要采纳的假设是,尽管由于这些我们一直在考虑的理由,物理对象不可能完全相似于感觉材料,然而它们也许或多或少是相似的。这个假设是最自然而然的,尽管终究不是最可靠的。根据这种观点,物理对象确实(比如说)具有颜色,而且如果运气好,我们可以看见一个呈现其本来颜色的对象。在任何一个给定的时刻,从许多不同的视角被看时,一个对象似乎具有的颜色大体说来都是非常相似的,尽管不是完全一样;因而,我们可以假定,"真实的"颜色就是一种中间的颜色,它介于从不同视角所表现出来的各种不同的深浅度的颜色之间。

也许,这样的一种理论是无法明确被反驳的,但是我们可以表明它是没有根据的。首先,我们所看见的颜色显然只取决于撞上眼睛的光波的性质,而且因此既为介于我们和对象之间的媒介所改变,也为光线由之从眼睛所见的对象上反射出来的方式所改变。介于中间的空气会使颜色发生改变,除非空气是完全干净的;而且,任何一种强烈的反射也都会完全改变它们。因而,我们所看到的颜色就是光线到达眼睛时所产生的结果,而不只是光线由之而来的对象的特性。因此,还有,只要一些光波到达了眼睛,不管光线由之出发的对象是否有颜色,我们都会看到某种颜色。这样一来,就完全没有必要假定物理对象具有颜色,而且因此也没有正当理由做出这样的假定。完全相似的论证也将适用于其它感觉材料。

仍然要问的是:是否存在某些一般的哲学论据,且这些论据使我们能够说,假如物质是实在的,它一定具有如此这般的性质?前面说了,许许多多的哲学家——也许是绝大多数的哲学家——都认为,任何实在的东西都一定是精神的,或无论如何,任何我们能对其有所知的东西在某种意义上都一定是精神的。这样的哲学家被称为"唯心论者"。唯心论者告诉我们,作为物质而出现的东西实际上是某种精神的事物。这类事物,要么是或多或少具有原始性质的心灵,要么是"感知"着物质的心灵中的观念(我们通常会说

第三章 物质的性质

心灵感知物质);前者是莱布尼茨的看法,后者是巴克莱的主张。因而,唯心论者否认本质上不同于心灵的物质的存在,虽然他们不否认我们的感觉材料是某种独立于我们的个人感觉而存在的东西的符号。在下一章中,我们将简单地考察一下唯心论者所提出的支持其理论的理由。我认为,他们的理由是错误的。

第四章　唯心论

不同的哲学家是在多少有点不同的意义上使用"唯心论"这个词的。我们将把它理解为这样一种学说：任何存在的东西，或无论如何，任何能被知道存在的东西，在某种意义上都一定是精神的。这种学说非常广泛地为哲学家们所持有，它有几种形式，并且这些形式是依据几种不同的理由而得到辩护的。它如此广泛地为人所持有，而且其本身又如此有趣，以至于连最简单的哲学概要也必须对它做出某种描述。

那些不习惯于哲学思考的人，也许倾向于把这样一种学说作为明显荒唐的东西加以抛弃。毫无疑问，常识认为，桌子、椅子、太阳、月亮及一些物质对象，通常都是某种根本不同于心灵及心灵之内容的东西，而且通常可以在心灵不复存在的情况下继续存在。我们认为，物质远在心灵存在之前就存在了，而且我们很难把物质只看作精神活动的产物。但无论是真是假，唯心论都不应该被当作显然荒谬的东西而抛弃。

我们已经看到，即使物理对象确实具有一种独立的存在，它们与感觉材料之间也一定具有非常广泛的差别。物理对象和感觉材料之间只可能具有一种对应，此种对应就是目录与被编目的事物之间所存在的那种对应。因此，常识丝毫没有告诉我们物质对象的真正的内在性质是什么,而且假如有充分的理由认为它们是精神的,我们就不能仅仅因为这种意见使我们感到奇特而合理地将其抛弃。关于物理对象的真实情况一定是奇特的。真实情况也许是不可获知的,但是假如某个哲学家认为他已经获知了,那么我们就不应该因为被他当作真实情况而提出的东西是奇特的而反对他的意见。

人们拥护唯心论的理由通常来自知识论,也就是说,来自对某些条件的讨论,而所说的条件指的是事物若要能为我们所认识而必须满足的条件。第一个严肃地依据这类理由来尝试建立唯心论的,是巴克莱主教。通过一些非常有效的论证,他首先表明,不能设想我们的感觉材料具有一种独立于我们的存在,相反它们一定至少部分地在心灵"中"——这意味着,假如没有了看、听、摸、闻、尝,那么感觉材料就不复存在了。到此为止,他的看法几乎是确实有效的,即使他的某些论证是无效的。但是,他继续论证道,我们的知觉能让我们确信其存在的仅有的事物就是感觉材料,而且被知道就等同于"在心灵中",并因此是精神的。所以,他断定,除了处在某个心灵中的东西,我们终究不能知道任何东西,而且任何被知道的东西,若不在我的心灵中,就一定在某个别的心灵中。

为了理解他的论证,有必要弄懂他关于"观念"这个词的用法。对于我们直接知道的任何东西,比如说感觉材料,他都赋予"观念"这个名称。因而,我们看到的一种具体颜色是一种观念,我们听到的一种声音也是一种观念,等等。但是,这个术语并非完全限于感觉材料。另外还有我们所记起或想象的事物,因为我们在记起或想象的时刻对它们也有一种直接的亲知。他把所有这样的直接的材料都称为"观念"。

然后,他继续思考像一棵树这样的通常的对象。他指出,当我们"感知"这棵树时,我们所直接知道的一切都是由他所说的那种意义上的观念所组成的;他还论证说,关于这棵树,除了我们所感知到的东西以外,没有丝毫根据来设想还存在什么实在的东西。他说,它的存在就在于被感知:用经院学者喜爱的拉丁语来表达,它的"esse"(存在)就是"percipi"(被感知)。他完全承认,即使我们闭上眼睛或无人靠近它,这棵树也一定会继续存在。但是他说,这种存在之所以能继续,是由于上帝在继续感知它。"真实的"树就是由上帝心灵中的一些观念所组成的,它对应于我们所说的物理对象;而那些观念或多或少类似于我们在看见这棵树时所具有的观念,但它们与后一类观念之间是有差别的,因为只要这棵树继续存在,它们在上帝的心灵中就是永恒的。按照他的看法,我们的一切知觉都只是对上帝的知觉的部分分享,而且正是因为有了这种分享,不同的人才或多或少看到了同一棵树。因而,除了心灵及其所具有的观念以外,世界上没有任何东西,而且,由于任何被知道的东西都必然是一个观念,终究也就不可能有任何其它的东西会被知道。

这个论证中有相当多的错误,而这些错误在哲学史上一直是关系重大的,因此我们最好把它们揭示出来。首先,这里有一种混乱,它是由"观念"这个词的用法所导致的。我们认为一种观念本质上就是某人心灵中的某种东西,因而当我们被告知一棵树完全是由观念组成时,我们自然而然会设想,假如这样的话,这棵树一定完全在心灵中。但是,"在心灵中"这个概念是模糊的。我们提到我们在心灵中记住了一个人,这并不意味着那个人真的在我们的心灵中,而是说,我们在心灵中想到了他。当一个人说他在心灵中把所要安排的某件事忘记得一干二净时,他并非要暗示这件事本身曾经真的在他的心灵中,而只是想说,他先前曾在心灵中想过这件事,但后来他不再在其心灵中想它了。巴克莱既已指出,假如我们能够知道一棵树,那么这棵树一定在我们的心灵中,所以当他这样说时,他实际上仅仅有资格说,我们对这棵树的想(thought)一定是发生在我们的心灵中的。证明这棵树本身一定在我们的心灵中,就类似于证明,我们在心灵中所记住的某个人本身一定在我们的心灵中。这种混淆太荒唐了,实际上任何一个称职的哲学家都不会犯这样的错误;但是,各种各样相伴而来的情况使这种混乱成为可能。为了发现它是如何可能的,我们必须更深入地研究观念的性质问题。

在开始探讨观念的性质这个一般的问题之前,我们必须分清两个完全不同的问题,它们的出现与感觉材料和物理对象有关。我们曾看到,各种不同的细节上的理由表明,如果说我们关于树的感觉材料既依赖于树,亦同样依赖于我们,而且树若不被感知,感觉材料将不会存在,那么当巴克莱认为构成我们关于树的知觉的感觉材料或多或少是主观的时,他是对的。但是,这和巴克莱试图证明任何被直接知道的东西都一定在心灵中是完全不一样的;为了达到他的目的而细致地论证感觉材料依赖于我们是没有用处的。通常说来,巴克莱有必要证明,事物因为被知道而被表明是精神的,而他相信自己已经做出了这个证明。正是这个问题,而非我们先前关于感觉材料与物理对象的差别的问题,才是我们现在必须考虑的。

如果在巴克莱所说的意义上来理解"观念"这个词,那么每当一个观念出现在心灵面前时,就有两种十分不同的事物需要考虑。一方面,有我们意识到的事物,比如说,我的桌子的颜色;另一方面,还有实际的意识本身,即领会这个事物的精神行为。精神行为无疑是精神的,但是,我们有理由假定被领会的这个事物在任何意义上都是精神的吗?我们先前在颜色问题上所提出的论据并没有证明它是精神的;那些论据仅仅证明其存在依赖于我们的感官与物理对象的关系——在我们的例子中,物理对象指的是桌子。也就是说,那些论据表明,假如正常的眼睛被置于相对于桌子的某一点上,那么某一种颜色在某一种光线下将会存在。它们并没有证明颜色存在于感知者的心灵中。

巴克莱认为,颜色显然一定存在于心灵中。这一观点所具有的那种虚假的合理性,似乎依赖于被领会的事物与领会的行为两者之间的混淆。这两者之中,每一个都可以被称为"观念",而且很可能每一个也都被巴克莱称为观念。行为无疑在心灵中;因此,当我们想到行为时,我们很容易同意这样的观点,即观念一定在心灵中。然后,因为忘记了仅当观念被理解为领会的行为时这种说法才是真的,我们就把"观念存在于心灵中"这个命题转移到了别的意义上的观念上,即转移到我们的领会行为所领会的事物上。于是,通过一种无意识的模棱两可的说法,我们得出了这样的结论:我们能够领会的任何东西都一定在我们的心灵中。这似乎就是对巴克莱的论证及其所依赖的终极谬误的真正分析。

把领会事物时的行为与对象区分开来是极其重要的,因为我

第四章 唯心论

们获取知识的全部力量都与其密切相关。有能力亲知不同于其自身的事物是心灵的主要特征。对对象的亲知本质上是心灵与不同于心灵的某种东西之间的一种关系；正是这一点构成了心灵认知事物的力量。假如我们说被知道的事物一定在心灵中，那么我们要么是在过分限制心灵的认知力量，要么是在说纯粹的废话。假如我们想用"在心灵中"来表达"在心灵前"所要表达的那种意思，也就是说，我们指的是为心灵所领会，那么我们就是在说纯粹的废话。但是，假如我们指的是这一点，那么我们将必须承认，在这种意义上存在于心灵中的东西，仍然可以不是精神的。因而，当我们认识到知识的性质时，我们就发现巴克莱的论证在实质上和形式上都是错误的，而且我们还发现，当他设想"观念"即被领会的对象一定是精神的时，他的理由没有丝毫的正当性。所以，我们必须驳回他支持唯心论的理由。但是，我们还要看一下是否存在其它什么理由。

时常有人说，我们不能知道任何我们不知道其存在的东西。这种说法好像成了一条自明之理。人们推断，任何东西，只要与我们的经验发生关联，且不管是通过什么方式与我们发生关联的，都一定至少能被我们知道；由此，人们进一步得出结论说，假如物质必然是我们所无法亲知的某种东西，那么它就会是我们不能知道其存在的某种东西，而且对我们来说，可以是完全无足轻重的。由于存在一些我们尚无法弄清的原因，上述说法通常也就意味着，对我们无关紧要的东西不可能是真实的，而且因此还意味着，如果物质不是由心灵或精神性的观念组成的，那么它就是不可能的，而只是虚构的怪物。

我们眼下不可能充分探究这个论据,因为它提出一些需要加以大量的预备性讨论的问题;但是,我们可以立即注意到反对这个论据的某些理由。让我们从其结束的地方开始:没有理由可以表明,对我们没有某种实际的重要性的东西不应该是真实的。确实,假如理论的重要性也被包括在内,那么一切真实的东西对我们而言都有某种重要性,因为正像渴望知道宇宙的真实情况的人一样,我们对宇宙中的一切东西都有某种兴趣。但是,假如这类兴趣被包括在内,那么只要物质是存在的,即便我们不能知道它存在,它对我们来说也不是无关紧要的。显然,我们可以怀疑它能否存在,并想知道它是否存在。因此,它与我们对知识的渴望相关,并且是重要的,这种重要性就表现在或满足或阻碍我们的这一愿望。

还有,我们不能知道我们所不知道的东西存在绝不是一条自明的道理,而且这实际上是一种错误的说法。在这里,"知道"这个词是在两种不同意义上被使用的。(1)在其第一种用法中,它可以应用于相对于错误而言的那类知识。这种用法意味着我们所知道的东西是真的,它适用于我们所相信及确信的东西,即所谓的判断。在"知道"的这种意义上,我们知道某某事物是如此这般的这一事实。这类知识可以被说成是真理的知识。(2)在上述"知道"这个词的第二种用法中,该词适用于事物的知识。我们可以把这类知识称为亲知。我们就是在这种意义上知道感觉材料的。(这里所包含的区别大致就是法语中 savior[认识]和 connaitre[熟悉]之间的区别,或者说就是德语中 wissen[认识]和 kennen[熟悉]之间的区别。)

因而,这个似乎像是自明之理的陈述,当我们对它重新表述时,就变成下面这个样子了:我们绝不能正确地断定我们所未亲知

第四章 唯心论

的某种事物存在。这绝不是一条自明之理；恰恰相反，这是一种显而易见的错误。我未曾荣幸地遇见过中国皇帝，但我会正确地断定他存在。当然，也许有人说，我之所以做出这样的判断，是因为其他人遇见了他。然而，这种反驳矢不中的，因为假如这个原则是正确的，我就不能知道任何其他人遇见过他。但是，还有：没有理由可以表明我不会知道无人亲知的某种东西的存在。这一点是重要的，需要加以阐释。

假如我亲知了一个存在之物，那么我的亲知就为我提供了这样的一则知识，即它存在。但是，下述相反的说法却不是真的：每当我能够知道某种类型的一个事物存在时，我或者某个别的人一定亲知了这个事物。在我未曾亲知就做出了正确判断的情况下，我是通过描述而知道这个事物的，而且在这种情况下，凭借某个一般原则，一个与这种描述相符的事物的存在能够从我所亲知的某个事物的存在中推断出来。为了充分理解这一点，合适的做法是，首先讨论亲知的知识与描述的知识的差别，然后考虑在涉及一般原则时，什么样的知识——假如有的话——和我们关于自己的经验的知识具有同等程度的确定性。这些问题将在以下诸章中得到讨论。

第五章 亲知的知识与描述的知识

在前一章中,我们看到有两类知识:事物的知识与真理的知识。在本章中,我将只关心事物的知识,而我们不得不把这类知识再区分为两种类型。想当然地认为人类事实上总是亲知事物,却又不知道某种关于它们的真理,那是很轻率的;尽管如此,事物的知识,当属于我们所称的亲知的知识那种类型时,本质上比任何真理的知识都简单,而且逻辑上也独立于真理的知识。相反,如同我们在本章的论述过程中将会发现的那样,通过描述而得到的事物的知识总是包含了某种真理的知识,并把后者作为自身的来源与根据。但是,我们首先必须弄清,我们所说的"亲知"是什么意思,我们所说的"描述"又是什么意思。

我们会说,我们亲知了我们直接觉察到的一切事物,而无任何推论的过程或真理的知识作为中介。因而,在我的桌子出现时,我就亲知了构成我的桌子的现象的感觉材料,即它的颜色、硬度、光滑性等等;所有这些,都是我在看和触摸我的桌子时所直接意识到的东西。对于我正在看的这种具有特定深浅度的颜色,有许多与其相关的东西可说——我可以说,它是棕色的,它的颜色颇暗等等。但是,这样的陈述,尽管使我知道了关于这种颜色的真理,却丝毫也没有使我比以前更充分地知道这种颜色本身:关于颜

第五章 亲知的知识与描述的知识

色本身的知识不同于与颜色有关的真理的知识,就前一种知识而言,当我看到这种颜色时,我就充分且完满地认知了它,而且关于其本身,从理论上说,不可能再有任何其它的知识了。因而,构成我的桌子的现象的感觉材料就是我所亲知的事物,即被我如其本然地直接知道的事物。

相反,关于作为物理对象的桌子,我所具有的知识并不是直接的知识。如此,这种知识是通过亲知构成桌子之现象的感觉材料而被获得的。我们已经发现,怀疑终究是否有一张桌子,不仅是可能的,而且也不荒唐,然而怀疑感觉材料却是不可能的。我关于桌子的知识属于我们所谓的"描述的知识"。桌子就是"导致这样那样的感觉材料的物理对象"。这就通过感觉材料对桌子进行了描述。为了从根本上知道任何关于这张桌子的东西,我们必须知道把它与我们所亲知的事物联系起来的法则:我们必须知道"这样那样的感觉材料都是由物理对象导致的"。不存在我们在其中直接觉察到桌子的心灵状态;我们关于桌子的一切知识实际上都是真理的知识,而且严格说来,我们根本不知道那个实际的事物即这张桌子。我们知道一种描述,而且我们知道只有一个对象是这种描述所适用的,尽管我们并不直接知道这个对象本身。在这样的情况下,我们说,我们关于这个对象的知识是描述的知识。

我们的一切知识,包括事物的知识和真理的知识,都把亲知作为自身的基础。因此,一件重要的事情是考虑我们所亲知的事物有哪些类型。

正如我们已经看到的那样,感觉材料是我们所亲知的事物;事实上,它们为我们提供了亲知的知识中最明显而又最吸引人的例子。但是,假如它们是仅有的例子,那么,我们的知识,与其实际情况相比,就在很大的程度上受到了限制。因为那样的话,我们就只会知道,目前呈现给我的感官的东西是什么:我们无法知道一切关于过去的东西,甚至无法知道有一个过去,我们也不能知道任何关于我们的感觉材料的真理,因为一切真理的知识,就像我们将会指出的那样,都要求我们对性质上与感觉材料有本质差别的事物有所亲知;这些事物有时被称为"抽象观念",而我们将称之为"共相"。因此,假如要使我们的知识得到一种尚能说得过去的充分的分析,我们就不得不考虑对感觉材料以外的其它事物的亲知。

在感觉材料之外,需要加以考虑的第一步扩展,是通过记忆而来的亲知。显然,我们时常记起我们已看到或听到的东西,或通过别的方式呈现给我们的感官的东西,而且在这些情况下,我们依旧直接觉察到了我们所记起的东西,尽管它是作为过去而非现在的东西被呈现出来的。这种通过记忆而来的直接的知识,是我们关于过去的一切知识的来源:没有它,就不可能有关于过去的推论的知识,因为我们绝不会知道有某种过去的事物需要推论。

需要加以考虑的第二步扩展是通过内省而来的亲知。我们不仅会觉察到事物,而且我们时常觉察到我们觉察到了它们。当我看见太阳时,我时常会觉察到我在看太阳;因而,"我看太阳"这个行为是我所亲知的一个对象。当我想要食物时,我可以觉察到我想要食物;因而,"我想要食物"这个行为是我所亲知的一个对象。同样,我们可以觉察到我们感到愉悦或痛苦,而且一般地,可以觉察到发生在我们的心灵中的事件。这类亲知可以被称为自我意识,它是我们一切关于精神事物的知识的来源。显然,只有在我们

第五章 亲知的知识与描述的知识

自己的心灵中发生的事情,才能通过这种方式被直接知道。至于发生在他人心灵中的事情,我们是通过我们关于他们的身体的知觉而知道的,也就是通过我们所拥有的与他们的身体相联系的感觉材料而知道的。要不是我们亲知了我们自己的心灵的内容,我们就不能想象他人的心灵,而且我们因此也绝不能获知他们具有心灵。把自我意识设想成人与动物的区分因素之一是合乎常理的:我们可以假定,动物尽管亲知了感觉材料,但绝没有觉察到这种亲知。我不是说它们怀疑自己是否存在,而是说它们从未意识到它们具有感觉和感受,而且因此也从未意识到它们存在着,或者说从未意识它们的感觉与感受的主体存在着。

我们已经把对我们的心灵的内容的亲知说成是自我意识,但是它当然不是对我们的自我的意识:它是对具体的思想与感受的意识。我们是否也亲知了与具体的思想和感受形成鲜明对照的我们的赤裸裸的自我呢?这是一个很困难的问题,以肯定的方式对其加以论述是不明智的。当我们试图观察我们自己时,我们似乎总会遭遇某种具体的思想或感受,而非遇到具有这种思想或感受的"我"。不过,仍有理由认为我们具有对"我"的亲知,尽管这种亲知难以从其它事物中分离出来。为了弄清有什么样的理由,我们暂且考虑一下我们对具体思想的亲知实际上包含着什么。

当我亲知"我看太阳"这一行为时,我就亲知了两种有所不同而又彼此相关的东西;这一点似乎是清楚的。一方面有把太阳呈现给我的感觉材料,另一方面有看到感觉材料的东西。一切亲知,例如对把太阳呈现给我的感觉材料的亲知,似乎显然都是亲知者与其所亲知的对象之间的一种关系。当一种亲知的行为本身就是我能亲知的一个对象（如同我对把太阳呈现给我的感觉材料的亲知一样）时,亲知者显然就是我自己。因而,当我亲知我看太阳这一行为时,我所亲知的整个事实就是"自我对感觉材料的亲知"。

此外,我们还知道"我亲知了这种感觉材料"这个真实的命题。但是,难以看出为什么我们能够知道这个命题,甚至我们也很难理解它是什么意思,除非我们亲知过我们称之为"我"的某种东西。似乎不必假定我们亲知了一个或多或少常在的、今天与昨天一样的人;但确实,我们好像又一定亲知了那个看见太阳并亲知了感觉材料的东西——不管那个东西的性质如何。因而,在某种意义上,看来我们一定亲知了与我们的具体经验形成对照的我们的自我。但是,这个问题是困难的,而且观点相左的每一方都能拿出复杂的论据。因此,尽管可能会发生亲知我们自己这样的情况,但断言这种情况无疑会发生,则是不明智的。

因此,在对存在之物的亲知这个问题上,我们可以把我们所说过的话总结如下。在感觉中,我们亲知外感官的材料;在内省中,我们亲知所谓的内感官的材料,即思想、感受、愿望等等;在记忆中,我们亲知已成为或是外感官的或是内感官的材料的事物。此外,我们或许还亲知自我,即觉察到或想要得到一些事物的东西,尽管这一点并不是确定的。

除了亲知具体的实存物以外,我们也亲知我们将会称之为共相的东西,即诸如白、多样性、兄弟关系之类的一般观念。每一个完整的句子都一定至少包含一个代表共相的词,因为所有动词都把共相作为自己的一种意义。过些时候,我们将在第九章回到共相问题上来。眼下,我们只需要提防这样的假定,即我们所能亲知的任何东西一定都是某种具体的和实存的事物。对共相的觉察被称为想象（conceiving），而我们觉察到的共相被称为概念。

我们将会看到，在我们所亲知的对象中，并不包含与感觉材料相对的物理对象，也不包含他人心灵。我们是通过我所说的"描述的知识"而知道这些事物的。我们现在就要考虑这类知识。

我用"描述"来指任何具有"一个某某"（a so-and-so）或"这个某某"（the so-and-so）这种形式的短语。我把"一个某某"这种形式的短语称为"模糊的"描述，而把"这个某某"（就其单数意义而言）这种形式的短语称为"确定的"描述。因而，"一个人"是一种模糊的描述，而"这个戴着铁面具的人"则是一种确定的描述。就模糊的描述而言，存在各种各样的问题；但对这些问题，我将略而不谈，因为它们并不直接涉及我们正在讨论的问题。有时，我们知道存在一个相应于一种确定的描述的对象，但又并未亲知任何这样的对象；我们所讨论的问题就是：在这样的情况下，我们关于这些对象的知识具有什么样的性质。这个问题只涉及确定的描述。因此，当我后面想说"确定的描述"时，我就只提"描述"。这样的话，描述将意指任何具有单数意义上的"这个某某"这种形式的短语。

我们会说，当我们知道一个对象是"这个某某"时，即当我们知道有且只有一个具有某种性质的对象时，这个对象就是"通过描述而被知道"的；而且一般地，这也意味着，我们并不具有通过亲知而来的关于这同一个对象的知识。我们知道这个戴铁面具的人存在过，而且还知道很多关于他的命题；但是，我们并不知道他是谁。我们知道得票最多的候选人将会当选，而且既然如此，我们很可能也亲知了（只是在一个人能够亲知另外一个人这种意义上来说的）

事实上将会得到绝大多数选票的那个人;但是,我们不知道他是哪一个候选人,也就是说,我们不知道任何具有"A 是将会得到绝大多数选票的候选人"这种形式的命题——这里的 A 是其中一个候选人的名字。有时,尽管我们知道这个某某存在,而且尽管我们知道我们也许可以亲知事实上就是这个某某的对象,但是我们仍然不知道任何"a 是这个某某"这样的命题——这里的 a 是我们所亲知的某个事物;在这种情况下,我们将会说,我们具有关于这个某某的"纯粹的描述的知识"。

当我们说"这个某某存在"时,我们的意思是:只存在一个对象,它就是这个某某。"a 是这个某某"这个命题意味着,a 具有某某性质,而任何其它东西都不具有此种性质。"A 先生是该选区的这个(the)统一党候选人",意味着"A 先生是该选区的一个(a)统一党候选人,而任何其他人都不是"。"该选区的这个统一党候选人存在",意味着"某一个人是该选区的一个统一党候选人,而任何其他人都不是"。因而,当我们亲知一个就是这个某某的对象时,我们知道这个某某存在;但是,当我们没有亲知我们知其为这个某某的任何对象时,甚至当我们没有亲知事实上就是这个某某的任何对象时,我们也可以知道这个某某是存在的。

普通的词,甚至专名,实际上通常都是描述。也就是说,正确使用专名的人的头脑中的思想,通常仅当专名被替换成描述时,才能被明确地表达;而且,对不同的人来说,或者,对处于不同时间中的同一个人来说,需要用来表达这种思想的描述也是不同的。唯一不变的东西(只要名称得到了正确的使用)是名称所适用的对象;但是,只要情况始终如此,所涉及的具体的描述通常不会影响名称所出现于其中的命题之真或假。

我们且举例说明。假设有某个关于俾斯麦的陈述。假定有类似对自我的直接亲知这样的事情,那么俾斯麦本人也许直接使用过他的名字来称呼他亲知过的某个具体的人。果真如此的话,如果俾斯麦做出了一个关于他自己的判断,那么他自己就可以是该判断的一个成分。这里,专名具有了其自身总是希望具有的一种直接的用途,即仅仅代表某个对象,而不代表对该对象的描述。但是,假如一个知道俾斯麦的人做出一个关于他的判断,情况就不一样了。这个人所亲知的东西,就是他将其与俾斯麦的身体联系在一起(我们假定这种联系是正确的)的某些感觉材料。他的作为物理对象的身体,还有他的心灵,仅仅是作为与这些感觉材料相联系的身体或心灵才被知道的。也就是说,它们是通过描述而被知道的。当然,一个人被他的朋友想到时,其外表的哪些特征将会进入他的朋友的头脑中,在很大程度上是一个毫无规律可循的问题;因而,实际出现在其朋友头脑中的描述亦为偶然的。必要的是,他知道各种不同的描述全都适用于同一个实体,尽管他没有亲知所说的这个实体。

当我们这些并不认识俾斯麦的人做出一个关于他的判断时,我们头脑中的描述也许会是一团或多或少有些模糊的历史知识——大多数情况下,这种知识在数量上远远多于用来识别他的必要的知识。但是,为了举例说明,让我们假定我们认为他是"德意志帝国的首任宰相"。这里,除了"德意志"以外,所有词都是抽象的。"德意志"这个词又一次相对于不同的人具有不同的意义。对有些人来说,它让人回想起在德国的旅行;对有些人来说,它让人想起德国在地图上的样子;如此等等。但是,假如我们要获得一种描述,并且我们知道这种描述是恰当的,那么我们将不得不在某一点上参照我们所亲知的一个殊相。这种参照包含在任何对过去、现在及未来(相对于确定日期)的提及中,或者包含在任何对这里及那里的提及中,或者包含在任何对他人所告诉我们的事情的提及中。因而,假如我们关于被描述的事物的知识不仅仅是逻辑地从这种描述中推论而来的,那么,一个我们知其适用于某一殊相的描述,似乎一定通过这种或那种方式,涉及对我们所亲知的一个殊相的某种参照。例如,"最长寿的人"是一个只包含共相的描述,它一定适用于某个人,但是关于这个人,我们不能在这个描述所提供的信息之外做出包含与他有关的知识的判断。然而,假如我们说,"德意志帝国的首任宰相是一位精明的外交家",那么我们就只能凭借我们所亲知的某种事物来确信我们的判断的真理性——通常,这种事物是我们所听到或读到的证据。除了我们传达给别人的信息之外,除了对我们的判断具有重要意义且与实际的俾斯麦有关的事实之外,我们实际具有的思想也都包含一个或多个相关的殊相,要不然就全是由概念组成的。

同样,所有地名,如伦敦、英格兰、欧洲、地球、太阳系等等,当被使用时,也都包含从我们所亲知的一个或多个殊相出发的描述。我怀疑,甚至如形而上学所认为的那样,宇宙也包含着与殊相的这样一种联系。在逻辑中,恰恰相反,我们不会提及实际的殊相;这是因为,逻辑不仅关心确实存在的东西,而且也关心任何也许(或能够)存在(或是)的东西。

当我们做出一个关于仅仅通过描述而被知道的某种东西的陈

第五章 亲知的知识与描述的知识

述时,我们似乎时常有这样的想法,那就是不让我们的陈述在形式上包含描述,而使其成为关于被描述的实际事物的。也就是说,当我们说任何关于俾斯麦的事情时,我们应该愿意——假如我们能够——做出俾斯麦独自也能做出的判断,即他本人是其一个成分的判断。在这方面,我们必然不能如愿,因为实际的俾斯麦对我们来说是不得而知的。但是,我们知道有一个对象 B,他被称为俾斯麦,而且我们还知道 B 以前是一位精明的外交家。我们因而能够描述我们愿意断言的那个命题,即"B 以前是一位精明的外交家"——这里的 B 就是俾斯麦这个对象。假如我们把俾斯麦描述成"德意志帝国的首任宰相",那么我们愿意断言的这个命题就可以被描述成"断言德意志帝国的首任宰相这个实际对象是一位精明的外交家的命题"。尽管我们使用的描述是不一样的,但我们能够交流;我们能够做到这一点的原因在于,我们知道有一个真实的关于实际的俾斯麦的命题,并知道,不管我们怎样改变描述(只要描述是正确的),被描述的命题依旧没有变。这个被描述且我们知其为真的命题,才是我们所感兴趣的;但是,我们并没有亲知这个命题本身,而且也不知道它,尽管我们知道它是真的。

我们将看到,可以在各种不同的程度上消除对殊相的亲知:有对知道俾斯麦的人而言的俾斯麦,有对仅仅通过历史而了解俾斯麦的那些人而言的俾斯麦,有戴着铁面具的人,有最长寿的人。这些描述都一步一步地远离了对殊相的亲知;第一个描述,从另一个人的角度来看,已最大限度地近似于亲知;在第二个描述中,仍然可以说我们知道"俾斯麦是谁";在第三个描述中,我们不知道戴着铁面具的人是谁,尽管关于他,我们能够知道许多并非从他戴着铁面具这一事实中逻辑地推论出来的命题;最后,在第四个描述中,除了可以逻辑地从关于这个人的界说中推论出来的东西,我们什么也不知道。在共相领域,也有一种类似的层级划分。许多共相,就像许多殊相一样,对我们来说也只是通过描述而被知道的。但是在这里,就像在关于殊相的情形中一样,关于通过描述而被知道的东西的知识,最终也可以还原为关于通过亲知而被知道的东西的知识。

在分析包含描述的命题时,所采用的基本原则是这样的:我们所能理解的每一个命题,都一定是由我们所亲知的成分组成的。

在眼下阶段,我们并不试图答复针对这个基本原则可能提出的所有反对意见。现在,我们只将指出,通过这种或那种方式来处理这些反对意见一定是可能的,因为几乎不可想象,我们能够做出一个判断或持有某个假设,却又不知道我们是针对什么而做出这一判断或假设的。假如我们要说出有意义的话而不是发出纯粹的声音,我们就必须把某种意义给予我们所使用的词;而且我们所给予它们的意义一定是我们所亲知的某种东西。因而,当我们——比如说——做出一个关于尤利乌斯·恺撒的判断时,尤利乌斯·恺撒本人显然没有出现在我们的心灵前,因为我们没有亲知他。我们的心灵中有关于尤利乌斯·恺撒的某种描述:"三月十五日遇刺的人","罗马帝国的建立者",或者也可能仅仅是"名叫尤利乌斯·恺撒的人"。(在最后这种描述中,尤利乌斯·恺撒是我们所亲知的一种声音或形态。)因而,我们的陈述并没有完全说出它似乎要说的东西,但它说出了不再包含尤利乌斯·恺撒本人而是包含关于他的某种描述的东西,且这种描述全是由我们所亲知的殊相与共相组成的。

描述的知识的重要性首先就在于,它使我们能够超越我们个人经验的限制。尽管我们只能知道全由我们在亲知过程中经验到的项所组成的事实,我们仍能通过描述而具有关于我们从未经验到的事物的知识。考虑到我们的直接经验的范围是非常狭隘的,这个结果至关重要,而且在我们理解它之前,我们的许多知识一定依旧是神秘的,并且因此是可疑的。

第六章　论归纳

在我们前面几乎所有的讨论中,我们都在试图弄清关于存在的知识的材料。在宇宙中,对于有些事物,我们是因为亲知了它们而知道它们存在的,那么这样的事物有哪些呢?迄今为止,我们的答案是,我们亲知我们的感觉材料,而且很可能,我们也亲知我们自己。我们知道这些东西是存在的;而且我们还知道,我们所记起的过去的感觉材料在过去是存在的。这类知识为我们提供了材料。

但是,假如我们能从这些材料中做出一些推论,比如说,假如我们知道物质的存在、他人的存在、我们的个体记忆开始之前的过去的存在,或者未来的存在,那么我们一定知道借之做出这些推论的某种类型的一般原则。我们一定知道,某一类型的事物 A 的存在,是与 A 同时或在一定程度上早于或晚于它的另外某种类型的事物 B 的存在的标志,就比如雷声是早于它的闪电的存在的标志一样。假如我们不知道这一点,我们就绝不能在我们私人经验的范围之外扩展我们的知识;而且正如我们所看到的那样,这个范围是极其有限的。我们现在必须考虑的问题是,这样的一种扩展是否是可能的,而且假如可能的话,我们是如何实现这种扩展的。

让我们以一件任何人事实上都不会对其产生丝毫怀疑的事情为例。我们全都确信太阳明天会升起。为什么?这种信念纯粹是

第六章 论归纳

过去经验的一种盲目的产物吗？或者说,我们能证明它是一种合理的信念吗？不易找到一种检验标准来判定这种类型的信念是不是合理的；但是,假如太阳明天将会升起这个判断以及我们的行为以之为基础的许多其它类似的判断是真的,我们至少能够弄清哪些类型的一般信念足以证明它们是有正当根据的。

显然,假如我们被问及为什么会相信太阳明天会升起,我们会自然而然地回答说,"因为它每天总会升起"。我们有这样一种坚定的信念：它将在未来升起,因为它在过去是升起的。假如有人还是有所怀疑,问我们为什么相信它将像以前一样继续升起,那么我们可以诉诸运动法则：我们将会说,地球是一个自由旋转体,这样的物体不会停止旋转,除非有某种东西从外部加以干扰,而在现在和明天之间没有什么外部的东西来干扰它。当然,可以怀疑我们是否完全确信没有外来事物的干扰,但这并不是一种有趣的怀疑。有趣的怀疑是,运动法则在明天到来之前是否依然有效。假如有人提出了这样的怀疑,那么我们发现自己所面临的境地和人们首次怀疑日出时所面临的境地是一样的。

相信运动法则依然有效的唯一理由是,就我们依据关于过去的知识而能做出的判定来说,它们迄今为止一直是有效的。确实,就过去的情况来看,与有利于日出的证据相比,我们拥有更大数量的有利于运动法则的证据,因为日出只是运动法则得以实现的一个具体的例子,而且还存在着数不尽的其它具体的例子。但是,本质的问题是：对于一条在过去已实现的法则,某种数量的例子能够证明它在将来也会实现吗？假如不能的话,那么显而易见,我们就没有任何理由来期待太阳明天还会升起,或者说期待我们下一顿饭要吃的面包不会让我们中毒,而且同样,控制我们日常生活的任何其它的几乎未被意识到的期待也是没有丝毫根据的。我们将会看到,所有这样的期待都只是可能的;因而,我们一定不要试图证明它们一定会实现,而只需寻找某种理由,来表明它们很可能会实现。

现在,在讨论这个问题时,我们首先要做出一种重要的区分;没有这种区分,我们很快就会卷入让人看不到希望的混乱之中。经验向我们表明,某种不变的相继或共存现象的反复出现,迄今一直是我们下一次期待同一种相继或共存现象出现的一个原因。具有某种外观的食物通常也具有某种味道,而且当我们发现我们所熟悉的外观与一种不同寻常的味道联系在一起时,我们会大吃一惊。我们所看到的事物,是凭借习惯而与我们触摸它们时所期望得到的某些触觉联系在一起的;对鬼的恐惧之一(在许多关于鬼的故事中)就在于它未能让我们产生触觉。第一次出国的文盲,当发现别人听不懂他们的母语时,会产生一种惊讶感,以至于无法置信。

而且,这种联系不只发生在人身上;在动物身上,它也是很强烈的。一匹时常被驱赶着沿某一条特定道路行走的马,当你企图把它驱往一个不同方向时会表现出抵触。家养动物看到通常给它们喂食的主人时,会对食物产生期待。我们知道,所有这些相当粗糙的对统一性的期待都是容易引起误解的。在小鸡的一生中,天天给它喂食的那个人,到末了会不再给它喂食,而是扭断它的脖子;这表明,在自然的统一性问题上,更精致的观点对小鸡是有用的。

尽管这样的期待会误导人,但它们仍然是存在的。如果某种事情已发生了若干次,那么这一单纯的事实就会使动物和人期待它再次发生。因而,我们的本能确实让我们相信太阳明天会升起,

第六章 论归纳

但是我们的处境也许并不比未曾料到会被扭断脖子的小鸡更好些。因此,我们必须把过去的统一性会导致对未来的期待这一事实与下述问题区分开来:在既已提出这类期待的有效性问题之后,是否存在某种合理的根据来让我们重视它们。

我们不得不讨论的问题是:我们有理由相信所谓"自然的统一性"吗?相信自然的统一性,就是相信已经发生的或将要发生的一切事情都是某种毫无例外的一般法则的例子。我们一直在考虑的这些粗糙的期待全都会遭遇一些例外,而且因此往往使那些抱有此类期待的人失望。但是,科学习惯上假定,有例外的一般规则能由没有例外的一般规则来代替;这种假定至少是科学的一种作业假说。"空中未受支撑的物体会下落"是一条一般规则;对它来说,气球和飞机就是例外。但是,解释了绝大多数物体都会下落这一事实的运动法则和引力定律,也解释了气球和飞机能够升起的事实;因而,运动法则和引力定律没有遭遇这些例外。

假如地球突然触碰到一个破坏其自转的大的天体,那么太阳明天将会升起这一信念是可以被证伪的;但是,运动法则和引力定律将不会为这样的一个事件所破坏。科学的事务就在于发现运动法则和引力定律这样的统一性;在我们经验所触及的范围内,这两者都没有例外。在这种探求中,科学已经取得了非凡的成功;而且我们可以承认,这样的统一性迄今一直保持了下来。这把我们带回到这样的问题:假定这种统一性在过去总是保持不变,那么我们有理由设想它们在将来也将保持不变吗?

有人论证道,我们有理由知道未来将会类似于过去,这是因为,曾经的未来无一例外地都变成了过去,且我们总是发现它们是类似于过去的,因此我们确实具有关于未来的经验,即关于先前作为未来的那些时间的经验;我们可以把那些时间称为过去的未来。但是,这样的一种论证事实上回避了我们所争论的问题本身。我们具有关于过去的未来的经验,但没有关于未来的未来的经验;而我们的问题是:未来的未来将类似于过去的未来吗?这个问题不会通过一种只以过去的未来作为出发点的论证而得到回答。因此,我们仍需寻求某种原则,而这种原则使我们能够知道未来将会遵循与过去一样的法则。

在这个问题上,对未来的提及并不关乎本质。如果(比如说)就像我们在地质学上或在关于太阳系起源的理论上所做的那样,把在我们经验中起作用的法则应用于我们所未经验过的过去事物,那么也会出现同样的问题。我们实际要问的问题是:"假如我们已经发现两个事物时常是联系在一起的,而且又没有遇到过一个出现而另一个不出现的情况,那么在一种新的情况下,当两者中的一个出现时,我们是否有充分的理由来期待另一个的出现。"我们对未来的全部期待,我们通过归纳而获得的全部结论,以及我们的日常生活事实上所依据的全部信念——所有这些东西的有效性,都一定依赖于对这个问题的回答。

首先,必须承认,单单依靠这一事实,即两个事物时常被发现在一起且从未分离过,并不足以决断性地证明它们在我们所要考察的下一事例中也将被发现在一起。我们最多能希望,事物越时常被发现在一起,它们下一次就越有可能被发现在一起,而且假如我们发现它们在一起的频率足够高,那么这种可能性几乎就等同于确定性。它绝不能完全达到确定性,因为我们知道,虽然出现过

第六章 论归纳

频繁的重复，但到头来有时也会不再重复，这就如同在被扭断了脖子的小鸡的情形中那样。因而，我们所要寻找的一切就是概率。

与我们所支持的观点相反，也许可以这样主张：我们知道所有自然现象都服从法则的支配，而且我们有时能在观察的基础上，发现可能只有一条法则契合例子中的事实。对于这种主张，现在有两种答复。第一种答复是，即使某个没有例外的法则适用于我们的例子，我们在实践中也绝不能肯定我们已经发现了这条法则，且又没有发现存在例外的法则。第二种答复是，法则的支配就其自身而言似乎只是可能的，而且我们之所以相信它在未来或在未经检验的过去的例子中将会有效，也是因为是以我们正在考察的原则为基础的。

我们正在考察的原则可被称为*归纳原则*，它的两个部分可以陈述如下：

（1）如果某一类型 A 中的一个事物已被发现与另一类型 B 中的一个事物联系在一起，且从未被发现与 B 类中的事物分开，那么，A 和 B 在其中联系在一起的事例越多，它们在一个新的且我们知道两者之一在其中出现的事例中联系在一起的可能性就越大。

（2）在同样的情况下，当 A 和 B 在其中联系在一起的事例足够多时，它们在新的事例中联系在一起的可能性就近乎确定性，并无限接近它。

正如刚才所说的那样，这个原则仅仅适合用来在单个新出现的事例中证实我们的期待。但是，对于下述一般法则，我们也想知道存在一种支持它的可能性：假使我们知道足够数量的联系在一起的事例，且没有发现不联系在一起的事例，那么 A 类中的事物总是与 B 类中的事物联系在一起。一般法则的可能性显然低于具体事例的可能性,因为假如一般法则是真的,具体事例一定也是真的,而在不假定一般法则为真的情况下,具体事例却仍可以是真的。不过,正像具体事例的可能性一样,一般法则的可能性也将通过重复而得以提升。因此,在一般法则问题上,我们可以把我们的原则的两个部分重述如下:

(1) A 类中的一个事物被发现与 B 类中的一个事物联系在一起的事例越多,A 总是与 B 联系在一起的可能性就越大(假如没有发现两者未联系在一起的情况)。

(2) 在同样的情况下,当 A 和 B 联系在一起的事例足够多时,A 总是与 B 联系在一起这一点几乎就是确定的,并且这个一般法则将无限趋向确定。

应该注意到,可能性总是相对于某些材料而言的。在我们的例子中,材料只是已知的 A 与 B 共同存在的事例。也许还有另外一些可以考虑的材料,这些材料会极大地改变可能性。例如,一个先前看到大量白天鹅的人也许会依据我们的原则论证说,根据看到的材料,所有天鹅都是白的这一点是可能的。这也许是一个极合理的论证。目前又看到的一些天鹅是黑的这个事实并没有证明这个论证是错误的,因为尽管一些材料会使一个事物的出现变得不大可能,但它仍可有非常充分的理由出现。在关于天鹅的事例中,人们也许知道,在许多种类的动物身上,颜色都是一个很容易发生变化的特征,而且因此,对颜色的归纳尤其容易发生错误。但这种知识是一种新的材料,它绝没有证明相对于我们的先前材料而言的可能性被错误地估计了。因此,事物时常不能满足我们的

第六章 论归纳

期待,并不表明我们的期待可能不会在一个或一类特定的事例中得到满足。因而,无论如何,求助于经验是驳不倒我们的归纳原则的。

然而,归纳原则同样不能通过求助于经验而被证实。就已被检验过的事例而论,经验也许能以可想象的方式证实归纳原则;但就未经检验的事例而论,正是独自依靠归纳原则,我们才能证明任何从已被检验的东西到未经检验的东西的推论是正当的。在经验的基础上对未来(也包括过去或现在之未被经验的部分)所做的全部论证,都假定了归纳原则;所以,我们绝不能在不以假定为论据的前提下使用经验来证明归纳原则。因此,我们必须以内在证据为由来接受归纳原则,否则就得放弃对我们关于未来的期待所做的一切辩护。假如归纳原则是不合理的,我们就没有理由期待太阳明天会升起,没有理由期待面包比石头更有营养,或者没有理由期待我们若从屋顶跳下就会摔落。当我们发现看似最好的朋友走近我们时,我们也就没有理由设想他的身体未为我们的死敌或某个素昧平生的人的心灵所寄居。我们的一切行为都建立在联想的基础上;这种联想在过去一直是有效的,而且我们因此认为它在未来很可能也是有效的。这种可能性的根据就在于归纳原则。

就像日常生活中的信念一样,科学的一般原则,例如对法则的支配的信念、关于一切事件都必有一个原因的信念,也完全依赖于归纳原则。所有这样的一般原则之所以被人相信,是因为人类已经在数不尽的事例中发现它们是真的,而又没有在哪个例子中发现它们是假的。但是,除非假定了归纳原则,否则就没有证明它们在未来还是真的。

因而,举凡一切知识,只要是在经验的基础上就未被经验的东西有所述说的,都是以某种信念为基础的;而这种信念既不能为经验所证实,也不能为经验所驳倒,然而至少在其相对具体的应用中,它似乎就像许多经验事实一样,扎根于我们的心灵深处。这样的一些信念——正如我们看到的那样,归纳原则并不是唯一的例子——的存在及根据,为我们带来了一些最为困难且最具争议的哲学问题。在下一章中,我们将简单地考虑一下如何解释这样的知识,它们的范围是什么,以及它们的确定性程度有多高。

第七章　论我们关于一般原则的知识

我们在上一章中看到,归纳原则虽然是一切以经验为基础的论证之有效性所必不可少的,其自身却是经验所无法证实的,然而每一个人又都毫不犹豫地相信它——至少在其一切具体的应用中是这样的。并非只有归纳原则才具有这些特征,许多其它原则也是不能为经验所证实或否定的,但它们能用在以被经验到的东西作为出发点的论证中。

在这些原则中,有的甚至具有比归纳原则更有力的证据,而且我们关于这些原则的知识与我们关于感觉材料之存在的知识具有同等程度的确定性。它们构成了从感觉所予之物进行推论的工具;而且假如我们所推断的东西是真的,那么正如我们的感觉材料必然是真的一样,我们的推论原则势必也是真的。正因为是显而易见的,这些推论原则容易被人忽视——人们同意其中所包含的假定而又没有意识到那是一个假定。但是,假如我们要得到一种正确的知识论,了解推论原则的用途是非常重要的,因为我们关于它们的知识为我们带来了一些有趣而又困难的问题。

在所有关于一般原则的知识中,实际发生的事情是,首先我们认识到对原则的某种具体的应用,然后认识到这种具体性是不相关的,进而又认识到存在一种同样可以被正确断言的一般性。在像算术教学这样的事情中,这当然是常见的:"二加二等于四"首先是在某种具体的两对事物的情形中被学会的,然后又在其它的具体情形中被学会,如此等等,直到最后就有可能发现它适用于任何两对事物。就逻辑原则而言,也会出现同样的情况。假设两个人在讨论今天是本月几号。其中一人说:"你至少会承认,如果昨天是 15 号,那么今天一定是 16 号。"另一个人说:"没错儿,我承认。"第一个人继续说:"你知道昨天是 15 号,因为你和琼斯共进过晚餐,而你的日记将会告诉你那是 15 号的事。"第二个人说:"是的,因此今天是 16 号。"

现在,这样的一种论证不难领会,而且如果承认它的前提事实上是真的,那么任何人都不会否认其结论一定也是真的。但是,它的真实性依赖于某个一般逻辑原则的一个实例。这个逻辑原则如下所述:"假定我们知道,如果这是真的,那么那是真的。假定我们也知道这是真的,于是可以推断那是真的。"当如果这是真的那么那事实上是真的时,我们将说这"蕴含"那,而且也将说那是从这"推论"而来的。因而,我们的原则所说的是,如果这蕴含那,且这是真的,那么那是真的。换句话说,"一个真命题所蕴含的任何东西都是真的",或者说,"从一个真命题中推论而来的任何东西都是真的"。

这个原则实际上包含在所有证明中——至少它的一些具体实例是包含在其中的。每当我们所相信的一个事物被用来证明我们由它而相信的某个其它事物时,这个原则就起作用了。假如有人问起"为什么我应该接受以真实前提为基础的有效论证的结果",我们唯有诉诸于我们的原则才能回答。事实上,这个原则的真实

第七章 论我们关于一般原则的知识

性是不可能有人怀疑的,而且它太显而易见了,以至于乍一看好像几乎不值一提。然而,这样的一些原则对哲学家而言并不是不值一提的,因为它们表明,我们可以具有绝非获自感官对象的无可怀疑的知识。

上述原则只是一定数量的自明的逻辑原则中的一个。在这些原则中,至少有一些是必须在任何论证或证明成为可能之前就得到承认的。当其中一些已得到承认时,另外一些就能被证明了,尽管另外的那些,只要是简单的,就正如被视作理所当然的那些原则一样,也是显而易见的。传统上,人们从这些原则中挑出了三个,并把它们叫作"思维律";而这种挑选并没有很充分的理由。

它们如下所述:

(1)同一律:"任何是者,都是";

(2)矛盾律:"任何东西不能既是,又不是";

(3)排中律:"一切东西都必须要么是,要么不是"。

这三条法则是自明的逻辑原则的样本,但事实上并不比各种其它类似的原则更基本,或者说更自明;例如,我们刚才考虑过的那个原则就是更基本、更自明的,它说的是:从一个真前提推论而来的东西是真的。"思维律"这个名字也是令人误解的,因为重要的并不在于我们是按照这些法则来思维的,而在于事物是依照它们而表现自己的;换句话说,重要的在于,当我们按照它们来思维时,我们就是在真实地思维。但是,这是一个大问题,我们后面必须再回到这个问题上来。

除了这些使我们能从一个给定前提出发来证明某件事情确实为真的逻辑原则外,还有另外一些逻辑原则,它们使我们能从一个给定前提出发,来证明某件事情或多或少可能是真的。这样的原则的一个例子——也许是最重要的例子——就是我们在前一章中所考虑过的归纳原则。

历史上的重大哲学争论之一,是分别被叫作"经验论者"和"唯理论者"两个学派之间的争论。英国哲学家洛克、巴克莱和休谟是经验论者的最典型代表;他们认为,我们的一切知识都起源于经验。十七世纪的大陆哲学家,尤其是笛卡尔和莱布尼茨,是唯理论者的代表;他们认为,除了我们凭经验而知道的东西以外,还有某些"天赋观念"和"天赋原则",它们是我们独立于经验而知道的。现在,我们已有可能带着某种程度的自信,来判定这两个对立学派的对与错。根据已经陈述过的理由,我们必须承认,我们是知道逻辑原则的,而且这些原则自身不可能通过经验而得到证明,因为一切证明都是以它们为前提的。因此,在这个最重要的争论点上,唯理论者站在了正确的一边。

另一方面,在我们的知识中,甚至逻辑上独立于经验(意思是经验无法去证明)的那个部分,也仍然是由经验所引发并导致的。正是在遇到某些具体的经验时,我们才意识到由这些具体经验之间的联系所例示的一般法则。如果设想婴儿生来就了解人们所知道的一切不能从被经验的东西中推论出来的事物,并在这种意义上认为有天赋原则,那肯定是荒谬的。因为这一点,"天赋的"一词现在不会被用来描述我们关于逻辑原则的知识。"先天的"这个词较少受到非议,而且在近现代作家中,它是比较常用的。因而,尽管承认一切知识都是由经验所引发并导致的,我们仍将认为某些知识是先天的;而说它们是先天的,也就意味着,使我们想起它们

第七章 论我们关于一般原则的知识

的经验并不足以证明它们,而仅仅是引起了我们的注意,且我们无需任何来自经验的证明,就会发现它们的真理性。

另外还有一点也是极其重要的;在这一点上,与唯理论者相反,经验论者站在了正确的一边。除非借助于经验,我们不能知道任何东西存在。也就是说,假如我们希望证明我们对其没有直接经验的某种事物存在,那么在我们的前提之中,我们必须具有我们对其有直接经验的一个或多个事物的存在。我们相信——比如说——中国皇帝存在,这种信念依赖于证据,而在最终的分析中,证据就是在阅读或听别人讲述时所看到或听到的感觉材料。唯理论者相信,从对一定存在的东西所做的一般思考中,他们能够推论出现实世界中这个或那个事物的存在。他们的这个信念似乎是错的。我们能够先天获得的与存在相关的一切知识,似乎都是假设的:它告诉我们,假如一个事物存在,那么另一个事物一定是存在的;或者更一般地说,假如一个命题是真的,那么另一个命题一定是真的。我们已经讨论过的原则就说明了这一点,而这些原则有如:"如果这是真的,且这蕴含那,那么那是真的",或者,"如果这和那一再被发现联系在一起,那么下一次,当其中之一被发现时,它们可能还会联系在一起"。因而,先天原则的范围与力量是被严格限定的。任何陈述某种事物存在的知识都一定部分地依赖于经验。当某种事物被直接知道时,它的存在纯粹是通过经验而被知道的;当某种事物被证明是存在的,而又并不是直接被知道的时,经验和先天原则在证明过程中一定都是必要的。当知识完全或部分地依靠经验时,它就被称作经验的。因而,一切断言存在的知识都是经验的,而与存在相关的唯一的先天知识是假设的,它告诉我们存在或可能存在的事物之间所具有的联系,但没有告诉我们什么东西是实际存在的。

先天知识并非全都属于我们迄今一直在考虑的这种逻辑类型。也许非逻辑的先天知识的最重要的例子是伦理价值方面的知识。我不是在说关于何为有用、何为美德的判断,因为这样的判断确实需要经验的前提;我是在说与事物本质上所具有的合意性(desirability)相关的判断。假如某种事物是有用的,那么它之所以有用,一定是因为它能达到某种目的;这种目的,假如我们加以充分探究的话,就其自身而言就是有价值的,而不仅仅是因为它对另外某种目的是有用的。因而,关于何为有用的一切判断,都依赖于关于何种东西自身就有价值的判断。

我们判定,比如说,愉悦比痛苦更合意,知识比无知更合意,友善比敌意更合意,如此等等。这样的判断,至少部分说来,一定是直接的和先天的。像我们先前的先天判断一样,它们也可以由经验所引发,而且事实上它们一定是这样的,因为若不是我们已经经验了同一类型的某种事物,判断一个事物是否具有内在的价值是不可能的。但是,相当明显的是,它们不能凭经验而得到证明,因为一个事物存在或不存在这一事实,既不能证明它的存在是善的,也不能证明它的存在是恶的。探究这个问题是伦理学的事情,而在伦理学中,我们必须确定从是到应该的推论是不可能的。就当前来说,唯一重要的是认识到关于具有内在价值之物的知识是先天的。在这里,先天的意味着,这类知识的真理性既不能通过经验而得到证明,也不能通过经验而被驳倒;而我们也在这种意义上说逻辑是先天的。

第七章　论我们关于一般原则的知识

像逻辑一样,所有纯数学都是先天的。经验论哲学家们强烈地否认这一点;他们断言,经验是我们的地理知识的来源,而且也在同样的程度上是我们的算术知识的来源。他们认为,我们会看到两个事物和另外两个事物在一起,并发现它们总共构成了四个事物,而当这样的经验反复出现时,我们就通过归纳得出了这样的结论,即两个事物和另外两个事物在一起总是构成了四个事物。然而,假如这就是我们的二加二等于四这种知识的来源,那么在说服我们自己相信其真理性时,我们就应该采取一种与实际采取的有所不同的方式。事实上,要使我们抽象地想到二,而非两枚硬币、两本书、两个人或任何其它的指定种类的两个东西,就需要有一定数量的实例。但是,一旦我们能够从不相关的具体性中剥离出我们的思想,我们就能够看到二加二等于四这个一般原则;我们发现任何一个实例都是它的代表,而且检验别的实例也就变得没有必要了[①]。

同样的情况也出现在几何学中。假如我们要证明所有三角形的某种性质,我们将画出某一个三角形,并针对它进行推论。但是,我们能够避免利用它具有而所有其它三角形都不具有的性质,并因此从我们的具体的例子中获得一个一般的结果。事实上,我们并没有觉得我们对二加二等于四的确信被新的实例提升了,因为一旦我们看到了这个命题的真理性,我们对它的确信就提升到了无以复加的地步。此外,我们还觉察到了"二加二等于四"这个命题的某种性质即必然性,而此种性质甚至是连经过检验的最完

[①] 参见怀特海的《数学导论》(家庭大学丛书)。

美无缺的经验概括都不具备的。这样的概括始终还是处在纯粹事实的层次上:我们觉得也许有一个世界,在这个世界中它们是假的,尽管在现实世界中它们碰巧是真的。相反,在任何可能的世界中,我们都觉得二加二等于四:这并非一个纯粹的事实,而是一种必然性,一切实际的及可能的东西都一定遵从这种必然性。

通过考虑像"所有人都是有死的"这样一种真正意义上的经验概括,也许可以使这个问题变得更清楚。显然,我们之所以相信这个命题,首先是因为,没有已知实例可以说明人曾活过了一定的年龄,其次是因为,从生理学上看,似乎有理由认为像人体这样的有机体一定或迟或早会毁灭。忽略第二个理由而只考虑我们关于人的必死性的经验,我们显然不应该满足于一个被完全清楚地领会了的关于人会死亡的实例,尽管在"二加二等于四"的情形中,若经仔细考虑,一个实例确实就足以让我们相信同样的情况一定会出现在任何其它的实例中。经过一番思考,我们也能被迫承认,对于是否所有人都是有死的这个问题,也许存在某种程度的怀疑——不管这种怀疑是多么轻微。通过尝试着想象有两个不同的世界,在其中一个世界中存在不死的人,而在另一个世界中二加二等于五,我们就可以弄明白这一点。当斯威夫特让我们考虑长生不老的斯特鲁布鲁格斯[①]人种时,我们就能默认这种想象。但是,一个在其中二加二等于五的世界,似乎完全处在一个不同的层次上。我们认为,这样的世界,假如真有的话,将会颠覆我们的整个知识

[①] 斯特鲁布鲁格斯系十八世纪英国著名作家乔纳森·斯威夫特的作品《格列佛游记》中一群疾病缠身、行动缓慢而又死不掉的凄惨老人。——译者注

第七章 论我们关于一般原则的知识

结构,并把我们带回到极端的怀疑境地。

事实上,在像"二加二等于四"这样的简单算术判断中,以及在许多逻辑判断中,我们都能在不借助于从实例进行推论的前提下知道一般命题,尽管要想明白一般命题意味着什么,通常必须有某个实例。这就说明了为什么就像归纳过程一样,演绎过程也有其实际的效用;所说的演绎过程是指从一般到一般或者从一般到特殊的过程,而归纳过程则是指从特殊到特殊或者从特殊到一般的过程。这个问题,即演绎是否终究提供了新的知识,是哲学家们之间的一个古老的争论。我们现在能够看到,至少在某些情况下,它确实提供了新的知识。假如我们已经知道二加二总是等于四,并且还知道布朗和琼斯是两个人,鲁宾逊和史密斯也是两个人,那么我们就能推演出布朗、琼斯、鲁宾逊和史密斯是四个人。这是新的知识,它并未包含在我们的前提中,因为"二加二等于四"这个一般命题绝没有告诉我们存在布朗、琼斯、鲁宾逊和史密斯这些人,而且特殊前提也未告诉我们说他们有四个人,而推演出来的特殊命题确实又把这两点都告诉了我们。

但是,如果我们举逻辑书中总会给出的那个常用的关于演绎的例子,这种知识是否还是新的就很不确定了;所说的那个例子是:"所有人都是有死的;苏格拉底是人,所以苏格拉底是有死的。"在这个例子中,我们在合理的怀疑之外所确实知道的东西是,某些人 A、B、C 是有死的,因为事实上他们已经死了。假如苏格拉底是这些人中的一个,那么,通过迂回的方式即经由"所有人都是有死的",而得出苏格拉底可能是有死的这个结论,是一种愚蠢的做法。假如苏格拉底不是我们的归纳以之为基础的那些人的一个,那么相比于绕道一般命题,直接从我们的 A、B、C 论证到苏格拉底,我们达到的效果会更好。这是因为,根据我们的材料,苏格拉底有死的可能性要大于所有人都有死的可能性。(这是显而易见的,因为假如所有人都是有死的,那么苏格拉底也是有死的;但假如苏格拉底是有死的,我们却推不出所有人都是有死的。)因此,假如我们不是在经由"所有人都是有死的"之后使用演绎的方法,而是直接使我们的论证成为纯粹归纳的,那么我们将在更加确定的程度上得到出苏格拉底是有死的这个结论。

这就阐明了像"二加二等于四"这样的通过先天方式而获得的一般命题与像"所有人都是有死的"这样的经验概括之间的区别。关于前一类命题,演绎是正确的论证方式;而关于后一类命题,归纳在理论上总是更可取的,并保证了我们对结论的真理性有更多的自信,因为所有经验概括,相比于它们的实例,都更不确定。

我们现在已经看到,有通过先天方式获知的命题,而且我们还看到,逻辑与纯数学命题及伦理学的基本命题都是这样的命题。我们接下来必须讨论的问题是:如何可能存在这样的知识?而且更特别地,我们没有检验所有实例,而且事实上因为其数目是无限的,所以也绝不能全都加以检验,那么在这样的情况下,如何能够存在关于一般命题的知识呢?这些问题都是非常困难的,而且历史地看,也是非常重要的。它们是由德国哲学家康德(1724 – 1804)以杰出的方式首次提出的。

第八章　先天知识如何可能

一般认为,伊曼努尔·康德是近代最伟大的哲学家。尽管他活过了七年战争及法国大革命,但他从没有中断过他在东普鲁士哥尼斯堡的哲学教学。他的最杰出的贡献是创立了他自己所谓的"批判的"哲学。这种哲学假定有各种各样的知识,并以这种假定为材料,来探究这样的知识是如何可能的;而且,从对这种探究的解答中,它推论出许多关于世界的性质的形而上学结论。可以充分怀疑这些结论是否有效,但毫无疑问,康德因为两件事情而配得上他的声誉:首先,他认识到我们拥有并非纯粹"分析"的先天知识,这种知识的反面是自相矛盾的,其次他突显了知识论在哲学上的重要性。

在康德时代以前,人们通常认为,任何知识,只要是先天的,就一定是"分析的"。这个词的意思将会通过一些例子而得到最好的说明。假如我说"一个秃头的人是人","一张平面图是图","一个蹩脚的诗人是诗人",我就做了一个纯粹分析的判断:被述说的主词是作为至少具有两种性质的东西而被给出的,而其中的一种性质被挑出来用以断言它。像上述这样的命题是没有价值的,而且在实际生活中,除非诡辩家在为一次诡辩做铺垫,是不会有人说出这样的命题的。它们之所以被称为"分析的",是因为其谓词纯粹是我们通过分析主词而获得的。在康德时代以前,人们认为,我们能够通过先天方式而加以肯定的一切判断,都是这种类型的:在所有这些判断中,谓词都只是它所断言的主词的一部分。假如情况就是这样,那么当我们试图否认任何能以先天方式而被获知的东西时,我们就陷入一种明确的矛盾之中了。"一个秃头的人不是秃的"既断言又否定同一个人是秃的,所以导致了自相矛盾。因而,根据康德以前的哲学家,矛盾律足以确立一切先天知识的真理性;它断言的是,任何事物都不能在同一时间具有又不具有某一性质。

康德之前的休谟(1711-1776),在什么使知识成为先天的这个问题上接受了通常的观点。他发现,先前被看作是分析的许多情况,尤其是关于原因和结果的情况,所包含的联系实际上却是综合的。在休谟之前,至少唯理论者设想,只要我们拥有足够的知识,结果就可以逻辑地从原因中被推论出来。休谟认为,我们做不到这一点;现在人们公认休谟是正确的。因此,他推论出一个十分可疑的命题:在原因和结果的关系问题上,我们不能知道任何先天的东西。康德一直是在唯理论的传统中接受教育的,他对休谟的怀疑论深感不安,并努力为它找到一个答案。他认为,不仅原因和结果之间的联系,而且所有的算术和几何命题,都是"综合的",也就是说,不是"分析的":在所有这些命题中,任何对主词的分析都不能揭示谓词。他常用的例子是 $7+5=12$ 这个命题。他完全正确地指出,7 和 5 必须被放在一起才能有 12:12 这个概念并不包含在 7 和 5 之中,甚至也不包含在把它们加在一起这个概念中。因而,他得出这样的结论:一切纯数学,尽管是先天的,却是综合的。这个结论提出了一个新的问题,康德努力为这个问题寻找一种解决办法。

这个问题就是"纯粹数学如何可能"的问题。康德把这个问题置于其哲学的开端。这是一个有趣而又困难的问题；每一种哲学，只要不是纯粹怀疑的，都一定要为它找到某种答案。纯粹经验论者提供的答案是，我们的数学知识是通过从特殊实例中归纳而获得的。我们已经看到，因为两个方面的理由，这个答案是不充分的：首先，归纳原则自身的合理性不能通过归纳而得到证明，其次，我们通过思考一个单一的实例，显然就能确定无疑地知道像"二加二总是等于四"这样的一般数学命题，并且进一步列举与它们相符合的其它例子，并不能再增加它们的确定性。因而，相比于我们关于经验概括的知识（这类知识纯粹是可能的），例如"所有人都是有死的"，我们必须用一种不同的方式来解释我们关于一般数学（逻辑也是这样）命题的知识。

问题的根源在于，这样的知识是一般的，而所有经验都是特殊的。似乎不可思议的是，我们显然应该能够提前知道某些关于我们迄今尚未经验过的特殊事物的真理；但是不能轻易怀疑的是，逻辑和数学也将适用于这样的事物。我们不知道一百年之后谁是伦敦的居民，但我们知道他们当中的任意两个人和另外任意两个人加起来将会是四个人。我们明显有能力预言我们尚未经验过的事物的事实，这种能力确实是令人吃惊的。康德关于这个问题的解决方案，尽管在我看来是不合理的，却是有趣的。然而，他的方案是复杂艰涩的，而且不同的哲学家对它有不同的理解。因此，我们只能给出其最纯粹的轮廓，而且在许多康德体系的拥护者看来，甚至这样的轮廓也是误导人的。

康德的主张是,在我们的所有经验中,有两种需要加以区分的成分,一种成分来自对象(即我们所说的"物理对象"),另一种来自我们自身的本性。在讨论物质和感觉材料时,我们曾看到,物理对象不同于与其联系在一起的感觉材料,而感觉材料被认为产生于物理对象与我们自己之间的一种相互作用。至此,我们与康德是一致的。但是,康德与我们的不同在于,他在给我们自己和物理对象分配份额时所采取的方式。他认为,感觉所给予的原材料,如颜色、硬度等等,是来自对象的,而我们所提供的则是这些材料在时间和空间中的排列方式及感觉材料之间的一切关系——这些关系是通过对材料进行比较,通过把一种材料看作另一种材料的原因,或者通过任何其它方式而产生的。他支持这种观点的主要理由在于,我们似乎拥有关于时间、空间、因果性及比较的先天知识,但不拥有关于感觉所给予的实际的原材料的知识。他说,我们能够确信,我们终究要经验的任何东西都一定会表现出我们的先天知识断定它们有的那些特征,因为这些特征来自于我们自己的本性,而且因此,如果不获得这些特征,任何东西终究都不能进入我们的经验。

他把物理对象称为"物自身"[①],并认为这种东西必然是不可知的。我们所能知道的是我们在经验中所具有的对象,他把这种东西称为"现象"。现象是我们与物自身联合的产物,它们一定具有来自于我们的特征,而且因此一定符合于我们的先天知识。因

[①] 康德的"物自身"在定义上等同于物理对象,也就是说,它是感觉的原因。从由定义推论而来的性质来看,它并不等于物理对象,因为康德认为(尽管在原因问题上存在某种不一致)我们能够知道任何范畴都不能应用于"物自身"。

第八章　先天知识如何可能

此,虽然这种知识适用于一切实际的及可能的经验,但我们一定不能认为它在经验之外也适用。所以,尽管先天知识是存在的,但是关于物自身,或关于不是经验之实际或可能的对象的东西,我们是一无所知的。通过这种方式,他试图调和唯理论者的论点和经验论者的主张,并使二者达成一种和谐。

除了可以用来批评康德哲学的次要证据以外,还有一种主要的反对意见;对于任何用他的方法来处理先天知识问题的尝试,这种意见都是致命的。需要加以解释的是,我们如何能肯定事实一定总会与逻辑和算术相一致;说逻辑和数学源于我们自身,并没有解释这一点。像任何事物一样,我们的本性也只是现存世界中的一个事实;而且不能肯定它会保持不变。假如康德是正确的,也许我们的本性明天就会发生改变,从而使得二加二变成五。康德似乎从未想到过这种可能性,然而这种可能性完全摧毁了他渴望加以证明的为算术命题所具有的确定性及普遍性。确实,从形式上看,这种可能性与康德的下述观点是不一致的:时间自身是主体施加于现象的一种形式,所以我们真实的自我不在时间中,从而也没有明天。但是,他将依然设想,现象的时间顺序取决于现象背后的东西的特征;而就我们的论证的实质而言,这就够了。

而且,反思似乎可以表明,假如在我们的算术信念中存在某种真理,那么不管我们是否想到了事物,这些信念都一定同样适用于它们。即使物理对象不能被人经验到,两个物理对象和另外两个物理对象也一定会构成四个物理对象。此种断言当然没有超出当我们说二加二等于四时我们所要表达的意思。它的真理性,正如两种现象和另外两种现象构成四种现象这一断言的真理性一样,也是不可怀疑的。因此,除了未能尝试解释先天命题的真理性以外,康德的解决方案还不适当地限制了它们的范围。

撇开康德为之辩护的这种特殊的学说不谈,哲学家们非常普遍地认为,在某种意义上,先天的东西就是精神的,也就是说,与其说它与外部世界的任何事实有关,还不如说与我们必然会采取的思维方式有关。我们在前一章中着重提到了通常被称为"思维律"的三个原则。导致它们被如此命名的观点是一种自然的观点,但是有更强的理由认为此种观点是错误的。让我们以矛盾律为例进行说明。这条原则通常被陈述为"任何东西不能既是,又不是"这种形式,它旨在表达这样一个事实,即任何东西都不能同时具有又不具有一种给定的性质。因而,比如说,假如一个棵树是山毛榉,那么它不能也不是山毛榉;假如我的桌子是直角的,那么它不能也不是直角的;如此等等。

我们把这个原则叫作思维律,这种叫法是很自然的;之所以说其自然,是因为我们正是通过思维而非外部观察,才使自己相信它必然是真的。当我们已经看到一棵树就是一棵山毛榉时,为了弄清它是否又不是一棵山毛榉,我们无须再看一次;单单通过思维,我们就能知道这是不可能的。但是,断定矛盾律是一条思维律仍然是错误的。当我们相信矛盾律时,我们所信的并不是这一点,即心灵的构造方式决定了心灵必须相信矛盾律;这个信念是跟随心理反思而来的一个结果,它是以对矛盾律的信念为前提的。对矛盾律的信念是关于事物的信念,而非仅仅关于思维的信念;它不是指(比如说),假如我们认为某棵树是一棵山毛榉,那么我们就不能同时认为它不是一棵山毛榉;它指的是,假如这棵树是一棵山毛

第八章 先天知识如何可能

榉,那么它就不能同时又不是一棵山毛榉。因而,矛盾律是关于事物的,而非只是关于思维的;而且尽管对矛盾律的信念是一种思想,但是矛盾律自身却不是一种思想,而是与世界中的事物相关的一个事实。假如当我们相信矛盾律时我们所相信的这种东西并不适用于世界中的事物,那么即便我们不得不认为它是真的,也无法挽救矛盾律于错误之中,而且这还将表明,该定律不是一条思维律。

一种类似的论证也适用于任何其它的先天判断。当我们判断二加二等于四时,我们并不是在做出一个关于我们的思维的判断,而是关于实际的或可能的成对事物的判断。尽管我们的心灵的构造方式确实使我们相信二加二等于四,但这个事实却明显不是当我们断言二加二等于四时我们所欲断言的东西。而且,任何关于我们的心灵的构造的事实都不能使二加二等于四这一点成为真的。因而,假如我们的先天知识不是错误的,那么它们就不仅是关于我们的心灵的构造的知识,而且还能应用于世界所可能包含的任何东西——包括精神的及非精神的。

事实似乎是,我们的一切先天知识都是关于精神世界或物理世界中严格说来并不实际存在的实体(entities)的。我们能用名词以外的词性把这些实体说出来,它们就是像性质及关系这样的实体。例如,假定我在我的房间里。我存在,我的房间存在;但是,"在……里"存在吗?然而,"在……里"这个词显然有一种意义;它指谓一种在我和我的房间之间成立的关系。这种关系是某种东西,尽管当我们说我和我的房间存在时,我们不能在同一种意义上说它存在。"在……里"这种关系是我们所能思考和理解的某种东西,因为假如我们不能理解它,我们就不能理解"我在我的房间里"这个句子。许多哲学家都追随康德,他们坚持认为,关系是心灵的作品,事物自身不具有关系,但他们又认为,心灵在一种思想的行为中把事物带到一起,并因而产生了心灵判定事物具有的那些关系。

然而,这种观点似乎容易遭遇一些反对意见,而这些反对意见类似于我们在前面提出的用来对抗康德的意见。似乎很明显,并不是思想产生了"我在我的房间里"这个命题的真理性。一只蠼螋在我的房间里这一点可以是真的,即使我、这只蠼螋或任何其他人都没有意识到它是真的;这是因为,此种真实性只与蠼螋和房间有关,而不取决于任何其它东西。因而,关系,就像我们在下一章中将会更充分地看到的那样,必须被放在一个既非精神的亦非物理的世界中。这个世界对哲学,尤其对先天知识问题而言,是极为重要的。在下一章中,我们将继续详尽阐述它的性质以及它对于我们一直在讨论的问题所具有的意义。

第九章 共相的世界

在上一章的末尾我们看到,像关系这样的实体似乎具有一种以某种方式不同于物理对象的存在,而且这种存在也不同于心灵及感觉材料的存在。在本章中,我们必须考虑这类存在的性质是什么,也要考虑哪些对象具有这种类型的存在。我们将从后一个问题开始。

我们现在所关心的是一个很古老的问题,因为它是由柏拉图引入到哲学中来的。柏拉图的"理念论"就试图解决这个问题,而且在我看来,他的理论是迄今为止人们在解决这个问题时所做的最成功的尝试之一。下文所主张的理论在很大程度上就是柏拉图的,我仅仅对他的理论做了一些必要的修改,而此种必要性已为时间所表明。

在柏拉图那里,这个问题或多或少是以下述方式出现的。让我们考虑(比如说)像正义这样的概念。假如我们问自己什么叫正义,那么自然而然,我们会考虑这种、那种及其它的正义行为,并着眼于发现它们所共同具有的东西。它们在某种意义上一定全都分有着一种共同的性质;这种性质将会在一切正义的东西中被发现,但不会在任何其它的东西中被发现。所有正义的东西都凭借这种共同的性质而成为正义的,而这种共同的性质就将是正义本身。

这个正义本身是一种纯粹的本质,它与日常生活中的诸多事实混合在一起,从而导致了正义行为的多样性。可以应用于通常事实的任何其它语词,比如"白",也是这样的。这个词可以应用于许多具体的事物,因为它们全都分有一种共同的性质或本质。这种纯粹的本质就是柏拉图所说的"理念"或"形式"。(不可以设想,柏拉图所指的"理念"会实际存在于心灵中,尽管它们可以为心灵所领会。)正义这个"理念"不等于任何正义的东西:它不是某种具体的事物,但具体的事物都分有它。由于不是具体事物,它自身就不能实际存在于感官世界中。此外,它不像感官事物那样易逝或可变:它永远是它自己,不可改变,也不可毁灭。

通过这种方式,柏拉图发现了一个超感官的世界。这个世界比日常感官世界更实在,它就是不变的理念世界。这个理念世界给予感官世界一切可能属于它的实在之微弱影像。对于柏拉图来说,真正实在的世界是由理念所组成的世界,因为对于感官世界中的事物,不管我们试图说些什么,我们最终只能说它们分有了如此这般的理念,而这些理念因此也就构成了它们的全部特性。由此,我们就容易走向神秘主义。如同我们看到感官对象那样,我们可以期待在一种神秘的启示中看到这些理念,而且我们可以想象这些理念实际存在于天堂中。这些带有神秘色彩的阐发是非常自然的,但是这个理论的基础是合乎逻辑的,而且正因为它有逻辑方面的基础,我们才不得不考虑它。

在时间的进程中,"理念"这个词使人产生了许多联想,而这些联想应用于柏拉图的"理念"时,完全把人引入了歧途。因此,我们将使用"共相"这个词来代替"理念"一词,并用它来描述柏拉图所

第九章 共相的世界

意指的东西。柏拉图所意指的那类实体的本质,就在于它是与感觉所给予我们的具体事物相对立的。感觉所给予我们的一切东西,或者说,与感觉所给予我们的事物具有相同性质的一切东西,都被我们叫作殊相;与此相反,任何事物,只要可以为许多殊相所分享,并具有——正如我们所看到的那样——把正义和白从正义行为和白色事物中区分出来的特征,都将是共相。

当考察普通的词时,我们发现,一般说来,专名代表殊相,而其余的名词、形容词、介词及动词则代表共相。代词代表殊相,但它们是模糊的:我们只是通过上下文或具体环境才知道它们代表什么殊相。"现在"这个词代表一种殊相,即当前的时刻;但像代词一样,它也代表一种模糊的殊相,因为当前总是变化着的。

我们将看到,如果要造一个句子,那么至少需要一个指谓共相的词。最省事的办法是做出诸如"我喜欢这"之类的陈述。但是,即使在这里,"喜欢"这个词也指谓一种共相,因为我还可以喜欢其它事物,而且别人也可以喜欢事物。因而,所有真理都涉及共相,而且所有关于真理的知识都涉及对共相的亲知。

既然看到差不多一切可以在字典中发现的词都代表共相,那么奇怪的是,除了哲学研究者之外,几乎未曾有人认识到存在像共相这样的实体。自然而然,我们并不老是想着句子中那些不代表殊相的词;假如我们被迫仔细思考一个代表共相的词,我们自然会认为它代表属于该共相的殊相中的一个殊相。例如,当我们听到"查理一世的头被砍断"这个句子时,我们可能相当自然地想到查理一世、查理一世的头以及砍掉他的头这个动作,而所有这些东西都是殊相;我们自然不会老想着代表一种共相的"头"或"砍"这个词意味着什么。我们认为这样的词是不完全的,并且是没有实体作为自身的依托的。如果我们要能利用它们来做什么的话,它们似乎就需要一定的语境。因此,我们就这样失去了对共相的一切关注,直到哲学这门学科使我们不得不注意它们为止。

一般地,我们可以说,即便在哲学家中间,也仅有形容词或名词所命名的共相才在很大程度上得到了承认,或者说才时常得到了承认,而动词和介词所命名的共相通常都被忽略了。这种疏忽对哲学产生了很大的影响;说自斯宾诺莎以来的绝大多数形而上学在很大程度上都由于它,几乎是不过分的。大概地,这种情况由之产生的方式如下所述:一般说来,形容词和普通的名词表达单个事物的性质或属性,而介词和动词往往表达两个或多个事物之间的关系。因而,如果忽略了介词和动词,那么就会导致这样的信念,即能够认为每个命题都把一种属性归于一个单独的事物,而不能认为它们表达了两个或多个事物之间的一种关系。由此,曾有人推测,最终不可能存在像事物之间的关系这样的实体;进而,或者宇宙中只可能有一个事物,或者假如有很多事物的话,它们也许不可能以任何方式相互作用,因为任何相互作用都会是一种关系,而关系是不可能的。

这两种观点中的第一种为斯宾诺莎所主张,而在我们今天这个时代,布拉德雷和许多其他哲学家也坚持这一观点;这种观点被称为一元论。第二种观点为莱布尼茨所主张,但在今天,这种观点并不很普遍;它被称为单子论,因为每一个单独的事物都被称作一个单子。在我看来,这两种对立的哲学,尽管是有趣的,但都是产生于对某一类共相的不适当的关注,而这类共相指的是由形容词

第九章 共相的世界

和名词而非动词和介词所代表的共相。

事实上,假如任何人要急于完全否认存在共相这样的事物,那么我们就会发现,我们不可能严格证明存在诸如性质这样的实体,即由形容词和名词所代表的共相,而我们却能证明一定存在关系,即通常由动词和介词所代表的那类共相。让我们以白这种共相为例来说明。假如我们认为存在这样一种共相,我们将会说,事物之所以是白的,是因为它们具有白这种性质。然而,巴克莱和休谟强烈否认这种观点;在这方面,他们为后来的经验论者所追随。他们的否认方式就在于否认有"抽象观念"这样的事物。他们说,当我们要思考白时,我们将形成一种关于某种具体的白的事物的意象,并针对这种殊相进行推理,同时又小心翼翼地避免推出任何与其相关而我们又看不出也适用于任何其它白色事物的东西。作为对我们的实际精神过程的一种描述,这在很大程度上无疑是真的。例如,在几何学中,当我们希望证明关于所有三角形的某种东西时,我们就会画一个具体的三角形并针对它进行推理,同时又小心翼翼地避免利用任何为它所具有而又并不为其它三角形所具有的特征。为了避免错误,初学者时常发现画几个尽可能彼此不一样的三角形是有好处的;而他那样做的目的就在于确保他的推论可以无差别地应用于所有三角形。但是,一旦我们自问如何知道一个事物是白的或者说是一个三角形时,困难就出现了。假如我们希望避免白和三角这些共相,我们将选择某一片具体的白色或某一个具体的三角形,并说,任何东西,只要真正相似于我们所选择的殊相,就是白的,或者说,就是一个三角形。但是,所需要的这种相似将不得不是一种共相。由于有许多白的事物,这种相似一定适用于许多对白的事物；而且，这就是共相的特征。说每一对白的事物都有一种不同的相似是无用的，因为那样的话，我们将不得不说这些相似是彼此相似的，因而我们最终将被迫承认相似是一种共相。所以，相似关系一定是一种真正的共相。由于被迫承认了这种共相，我们发现，构建一种晦涩的难以置信的理论，以避免承认白和三角之类的共相，就不再值得了。

巴克莱和休谟未能理解这种对他们拒绝"抽象观念"的行为的拒斥，因为像其对手一样，他们也只想到了性质，而全然忽略了关系这类共相。因此我们在这里还有另外的一面；在这一面，与经验论者不同，唯理论者似乎才是正确的，尽管由于忽略或否认了关系，与经验论者的推论相比，唯理论者的推论（假如他们有所推论的话）往往是错误的。

现在既然看到一定存在像共相这样的实体，那么下一个有待证明的论点是，它们的存在不只是精神的。这个论点意味着，任何属于它们的存在都独立于心灵对它们的思考，或无论如何，独立于心灵对它们的领会。我们在前一章的末尾已经触及到了这个问题，但我们现在必须更充分地考虑，归属于共相的这种存在是一种什么样的存在。

考虑"爱丁堡在伦敦以北"这样的一个命题。这里，我们拥有两个地点之间的一种关系，而且似乎显而易见的是，这种关系之所以存在，并不是因为我们知道了它。当我们开始知道爱丁堡在伦敦以北时，我们就开始知道某种只与爱丁堡和伦敦有关的东西：我们不是因为开始知道了它而使得这个命题成为真的，恰恰相反，我们只是领会了一个在我们知道它之前就已存在的事实。即使没有

第九章 共相的世界

人了解什么是南、什么是北,而且即使宇宙中根本不存在心灵,爱丁堡所占据的地球的表面部分也会在伦敦所占据的那部分以北。当然,许多哲学家,或者出于巴克莱的理由,或者出于康德的理由,而否认这一点。但是,我们已经考虑了这些理由,并断定它们是不充分的。因此,我们现在可以假定下面这一点是真的:爱丁堡在伦敦以北这个事实不以任何精神的东西为前提。但是,这个事实包含了"以北"这种关系,该关系是一种共相,而且,假如"以北"这种关系,作为事实的一个组成部分,确实包含了某种精神的东西,那么整个事实就不可能不包含精神的东西。因此,我们必须承认,关系,像其所关联的关系项一样,并不依赖于思想,而属于为思想所领会但并不为它所创造的那个独立的世界。

然而,这个结论遇到一个困难:爱丁堡和伦敦是存在的,而"以北"这种关系似乎并不在与它们相同的意义上存在。假如我们问"这种关系存在于何时何地",答案一定是"不存在于任何地点,也不存在于任何时间"。我们不能在任何地方和任何时间发现"以北"这种关系。它不存在于伦敦,也不存在于爱丁堡,因为它关联着两者,且中立于它们。我们也不能说它存在于任何具体的时间。迄今,一切能通过感官或内省而被领会的东西都存在于某个具体的时间。因此,"以北"这种关系完全不同于这样的事物。它既不在空间中也不在时间中,既不是物质的也不是精神的;然而,它是某种东西。

主要正是这类非常独特的属于共相的存在,才使得许多人设想共相实际上是精神的。我们能够想到一种共相;于是,我们的想的行为,像任何其它的精神行为一样,在一种极其普通的意义上存在。例如,假定我们正在想到白。这样,在一种意义上,我们可以说白"在我们的心灵中"。在这里,我们遇到了我们在第四章中讨论巴克莱时所注意到的那种模棱两可性。在严格的意义上,并不是白而是我们想到白这一行为,存在于我们的心灵中。与此相关的"观念"这个词的模棱两可性,在这里也引起了混乱;我们曾同时注意到了这种模棱两可性。在这个词的一种意义上,即就其指谓思想行为的对象而言,白是一种"观念"。因此,假如我们不提防这种模棱两可性,我们可能会认为白是另外那种意义上的"观念",即一种思想行为;从而我们又会开始认为白是精神的。但是,在这样认为时,我们就剥夺了其必要的性质即普遍性。一个人的思想行为必然不同于另一个人的思想行为,一个人在一个时间的思想行为必然不同于他在另一个时间的思想行为。因此,假如白是思想,而非思想的对象,那么任何两个不同的人都不能想到它,而且没有人会两次想到它。许多不同的关于白的思想所共有的东西就是它们的对象,而且这个对象不同于所有思想。因而,共相并不是思想,尽管它们在被人们知道时是思想的对象。

我们将会发现,只在事物处于时间中时说事物存在是方便的,也就是说,它们只在我们能够指向它们处于其中的某个时间时存在(不排除它们在所有时间中都存在的可能性)。因而,思想和情感、心灵与物理对象都是存在的。但是,共相并不在这种意义上存在;我们将说它们潜存(subsist)或具有有(have being),而这里的"有"是不受时间影响的,并因此与"存在"形成了对照。因此,共相的世界也可以被描述为有的世界。有的世界是不可改变的、严格的、精确的,并且会让数学家、逻辑学家、形而上学体系的建立者及一切热爱完美甚于热爱生活的人感觉愉悦。存在的世界是易逝的、模糊的,没有鲜明的边界,没有任何明确的计划或安排,但它包含一切思想和情感、一切感觉材料、一切物理对象、一切或有益或有害的东西,以及一切对生命的价值及世界产生影响的东西。视我们的性情的不同,我们或者喜欢思量这一个世界,或者喜欢思量那一个世界。我们所不喜欢的世界,在我们看来,也许就是我们所喜欢的世界的一种微弱的影像,而且几乎在任何意义上都不值得被看作是实在的。但真实的情况是,两个世界都有同样的权利要求我们给予不偏不倚的关注,两个世界都是真实的,而且对形而上学家们来说,两个世界都是重要的。事实上,一旦我们区分了这两个世界,考虑它们的关系就变得有必要了。

但首先,我们必须检查我们关于共相的知识。我们将在下一章中对此加以考虑;在那里,我们将发现这种考虑解决了关于先天知识的问题,而我们首次考虑共相问题就是从先天知识出发的。

第十章 论我们关于共相的知识

就一个人在某一特定的时间所具有的知识而言,共相,像殊相一样,也可以分为通过亲知而知道的共相、仅仅通过描述而知道的共相,以及并非通过亲知或描述而知道的共相。

让我们先考虑通过亲知而来的关于共相的知识。首先,显而易见,我们亲知像白、红、黑、甜、酸、大声、硬之类的共相,也就是说,我们亲知感觉材料中所表现出来的性质。当我们看见一片白色时,我们就首先亲知了这片具体的白色;但是,通过看到许多片白色,我们轻松学会了如何把它们所共有的白抽象出来,而且在学习这样做时,我们就是在学习如何亲知白。类似的过程将使我们亲知同一类型的任何其它共相。这类共相可以被称为"可感性质"。相比于一些其它的共相,我们在抽象时用较少的努力就能领会它们;而且与别的共相相比,它们似乎很少被从殊相中分离出来。

我们接下来开始讨论关系。最容易领会的关系是单个的复合感觉材料的不同部分之间的关系。例如,我能一眼看出我正在上面写字的这张纸的全部,因而整个这一张纸就都包含在一种感觉材料之中。但是我发觉,这张纸的某些部分在另外一些部分的左边,还有一些部分在另外一些部分的上面。在这个例子中,抽象的过程似乎或多或少是以如下方式进行的:我相继看到许多感觉材

第十章 论我们关于共相的知识

料,并发现其中一部分在另一部分的左边;我觉察到,就如在关于许多片不同的白色物体的情形中一样,所有这些感觉材料都具有某种共同的东西,而且通过抽象,我发现它们所共有的东西就是存在于其不同部分之间的关系,即被我称为"在左边"的那种关系。通过这种方式,我就亲知了作为关系的共相。

我也会以同样的方式意识到时间中的前后关系。假设我听到一组编钟的声音:当这组编钟中的最后一个响起时,我还能在我的心灵前保留整个这组编钟,而且我能觉察到靠前的钟声是在靠后的钟声之前响起的。在记忆中我也觉察到,我正回想起的东西是在当前时间之前出现的。从这两种资料中的任何一种,我都能抽象出前和后这样的作为关系的共相,这正像我能抽象出"在左边"这种作为关系的共相一样。因而,时间关系,就像空间关系一样,都在我们的亲知范围内。

我们在很大程度上以相同的方式去亲知的另一种关系是类似性。假如我同时看到两种不同程度的绿色,那么我能发现它们是彼此类似的;假如我在同一时间也看到一种程度的红色,那么我就能发现,在两种绿色中,相比于它们各自与红色之间的类似度,它们更彼此类似。通过这种方式,我就亲知了类似性或者说相似性这种共相。

在两种共相之间,正像在两种殊相之间一样,也有我们可以直接意识到的关系。我们刚刚看到,我们能够觉察到两种程度的绿色之间的类似性超过一种程度的绿色和一种程度的红色之间的类似性。这里,我们在讨论两种关系之间的一种关系,即"超过"。与发觉感觉材料的性质相比,获知这样的关系需要我们有更强的抽象力;但尽管如此,它们似乎同样是直接的,而且同样(至少在某些情况下)是不可怀疑的。因而,关于共相,就像关于感觉材料一样,存在直接的知识。

现在回到先天知识问题上来,这是我们前面开始考虑共相时所留下的一个未决问题。我们现在发现自己有能力处理这个问题,而且相比于以前可能采取的处理方式,我们现在的方式是非常令人满意的。让我们回到"二加二等于四"这个命题。考虑到已经说过的话,相当明显,这个命题陈述了共相"二"和共相"四"之间的一种关系。这就使我们想到了一个我们现在力图确定的命题,即一切先天知识都只涉及共相之间的关系。这个命题是极其重要的,而且对解决我们先前与先天知识有关的种种困难大有帮助。

有时乍一看,我们的命题似乎是不真实的;但是,仅当一个先天命题陈述的一类殊相中的所有分子都属于另外某个类时,或者说(结果是一样的),仅当它陈述说,具有某一性质的所有殊相也都具有另外某种性质时,我们的命题才是不真实的。在这种情况下,我们似乎不是在论述这种性质,而是在论述具有这种性质的殊相。"二加二等于四"这个命题实际上就是一个恰当的例子,因为我们可以把它陈述为这样的形式,即"任何二加任何别的二都等于四",或者"任何由两个对子组成的集合都是由四个分子组成的集合"。假如我们能够表明像这样的陈述确实只涉及共相,那么就可以认为我们的命题是被证明了的。

要发现一个命题所涉及的是什么,一种方法就是就问我们自己:为了看出这个命题所意味的东西,我们必须理解哪些词,换句话说,我们必须亲知哪些对象。只要我们一看出该命题所意味的东西,即使尚不知道它是真的还是假的,我们也显然就一定亲知了它所实际涉及的一切东西。经过这样的检验之后,显而易见,许多似乎与殊相相关的命题实际上只与共相相关。在"二加二等于四"这个特别的例子中,即使我们把它的意义解释为"任何由两个对子组成的集合都是由四个分子组成的集合",只要我们知道"集合"、"二"和"四"的意义是什么,便显然也能理解这个命题,也就是说,能看出它所断言的是什么。完全没有必要知道世界上所有成对的东西:假如真的有必要,我们显然绝不能理解这个命题,因为成对的东西是无穷多的,从而也不可能全被我们知道。因而,尽管我们一知道有这样的具体的对子,我们的一般陈述就暗示着关于具体的对子的陈述,但是它自身并不断言或暗示有这样的具体的对子,而且因此也就丝毫不是关于任何实际的具体的对子的。我们的一般陈述是关于"对子"的,即关于共相的,而不是关于这个或那个对子的。

因而,"二加二等于四"这个陈述只涉及共相,而且因此,任何亲知了相关共相并能觉察到该陈述所断言的共相之间的关系的人都可以知道它。我们有能力不时地觉察到共相之间的关系,而且因此有能力不时地知道像算术命题和逻辑命题这样的一般先天命题;这一点必须被理解成通过反思我们的知识而被发现的一个事实。当我们先前考虑这样的知识时,看似神秘的事情是,它好像预言并控制了经验。然而,我们现在能够看出这是错误的。任何与能被经验到的东西相关的事实都不能独立于经验而被知道。我们先天地知道两个事物和另外两个事物一起构成了四个事物,但我们并不先天地知道,假如布朗和琼斯是两个人,鲁宾逊和史密斯是两个人,那么布朗、琼斯、鲁宾逊和史密斯是四个人。理由在于,若非我们知道存在像布朗、琼斯、鲁宾逊和史密斯这样的人,这个命题就根本不能被理解,而且我们唯有通过经验才能知道这四个人是存在的。因此,尽管我们的一般命题是先天的,但它在实际殊相上的全部应用都涉及经验,所以也就包含经验的成分。通过这种方式,我们就会看到,先天知识中看似神秘的东西始终建立在一种错误之上。

如果我们把真正的先天判断与像"所有人都是有死的"这样的经验概括加以对照,那么这将有助于使我们的要点变得更清楚。这里,就像先前一样,我们一理解所涉及的共相即人和有死的,就能理解这个命题的意义是什么。为了理解我们的命题意指什么而去亲知整个人类中的每一个个体,显然是没有必要的。因而,一般先天命题与经验概括之间的差别并没有对命题的意义造成影响;它影响了命题的证据的性质。在经验的情形中,证据就是具体的例子。我们之所以相信所有人都是有死的,是因为我们知道有无数的关于人之有死的例子,而没有关于人活过一定年龄的例子。我们不是因为看到共相人和共相有死的之间的联系而相信它的。确实,如果生理学在假定了支配生命体的一般法则的前提下,能够证明任何活的有机体都不能永久存活,那么这就给出了人和必死性之间的一种联系,且这种联系使我们能在不诉诸于关于人之有死的特殊证据的前提下来断言我们的命题。但是,这仅仅意味着我们的概括被归摄于一种范围更广的概括,而且后一种概括的证据仍属同一类型,尽管其范围更广。科学的进步就在于不断地产生这样的归摄,并因此也就为科学概括提供一种越来越宽泛的归

第十章 论我们关于共相的知识

纳基础。不过,尽管这给出了一种更大程度的确定性,却并未提供一种不同类型的概括:最终的根据仍是归纳的,也就是说,是获自实例的,而非获自像我们在逻辑与算术中所具有的那样一种存在于共相之间的先天联系。

关于一般先天命题,我们将看到两种对立的观点。第一种观点是,假如我们知道许多具体的例子,那么我们也许首先可以通过归纳而获得一般命题,而且我们也许只是在后来才觉察到共相之间的联系的。例如,我们知道,假如我们分别从三角形的三个角出发画一条垂直线到其各自的对边,那么三条垂直线全都相交于一点。完全可能的是,我们先是通过在许多情况下实际画出一些垂直线,并发现它们总是相交于一点,而获得这个命题的。这种经验或许会引导我们去寻找并发现关于这个命题的一般性证明。这样的情况在每一个数学家的经验中都是常见的。

另外一种观点更有趣,而且在哲学上更重要;那就是,我们有时能在不知道其单个实例的情况下知道一个一般命题。以下述情形为例:我们知道任何两个数目都可以在一块儿相乘,并且会产生被称为它们的积的第三个数。我们知道,所有其积小于 100 的整数对实际上都已在一块儿相乘了,并且它们的积的值已记录在乘法表中。但我们也知道,整数的数目是无穷的,而人们曾经想到或最终将会想到的只是整数对中有限的一部分。因此可以断定,有一些整数对是人们从未想到的,且将来也绝不会被想到,它们全都涉及其积大于 100 的两个整数。这样,我们就获得一个命题,即"所有从未被人想到且将来也绝不会被人想到的两个整数之积都大于 100"。这是一个一般命题,其真理性是不可否认的;然而,我们绝不能依据这种情形的特有性质而为其给出一个实例,因为我们可以想到的任何两个数目都不包括在这个命题的项之中。

人们时常否认这种可能性,也就是说,否认我们有可能知道我们无法为其提供实例的一般命题;这是因为人们没有看到,要想知道这样的命题,我们仅仅需要知道共相之间的关系,而根本无需知道所讨论的共相的实例。然而,对于人们公认知道的大量东西而言,知道这样的一般命题是至关重要的。例如,我们在前几章中看到,与关于感觉材料的知识不同,我们关于物理对象的知识只是通过推论而被获得的,并且它们不是我们所亲知的事物。因此,我们绝不能知道任何具有"这是一个物理对象"这种形式的命题——这里"这"是我们当下直接知道的某种东西。所以,对于一切关于物理对象的知识,我们都是不能为其提供任何实例的。我们能够给出与其联系在一起的感觉材料的例子,但我们不能给出实际的物理对象的例子。因而,我们关于物理对象的知识自始至终都依赖于这种可能性,即我们无法为其提供实例的一般知识的可能性。此外,同样的说法也适用于我们关于他人心灵的知识,或者说,关于我们无法通过亲知而知道其实例的任何其它类的事物的知识。

我们现在可以对我们的知识的诸多来源做一番考察,因为它们已经出现在我们的分析过程中。我们首先必须区分事物的知识和真理的知识。每一种知识又都各自分为两种,一种是直接的,一种是派生的。我们把直接的事物的知识称为亲知;依据所知道的东西是殊相还是共相,它又由两类组成。在殊相中间,我们亲知感觉材料,而且(可能)亲知我们自己。在共相中间,似乎没有什么原则是我们可以用来断定哪种东西能通过亲知而被知道的,但是很

第十章 论我们关于共相的知识

明显,可感性质、空间与时间关系、相似性及某些抽象的逻辑共相,都能通过这种方式而被知道。我们的派生的事物的知识被我们称为描述的知识,它始终既包含对某种事物的亲知,也包含真理的知识。直接的真理的知识可以称为直观的知识,而以这种方式被知道的真理可以称为自明的真理。仅仅陈述感官所予之物的真理、某些抽象的逻辑和算术原则,以及一些伦理学命题(尽管其确定性程度不高),都是这样的真理。我们的派生的真理的知识,是由我们能通过使用自明的演绎原则而从自明的真理中推论出来的一切东西所组成的。

假如以上的描述是正确的,那么所有真理的知识都依赖于直观的知识。因此,考虑直观的知识的性质及范围就变得很重要了;而这种考虑所要采取的方式,应该与我们在前面考虑亲知的知识的性质及范围时所使用的方式大致相同。但是,真理的知识提出了另外一个问题,即关于错误的问题;而事物的知识则不存在这个问题。我们的一些信念最终被证明是错误的;因此,有必要考虑我们如何能够区分(如果真要区分的话)知识与错误。亲知的知识不存在这个问题,因为不管亲知的对象可以是什么,只要我们不超出直接的对象,哪怕在梦境或幻觉中,也不会有错误涉及其中;仅当我们把直接的对象即感觉材料看作某个物理对象的标记时,错误才可能出现。因而,与真理的知识相联系的这些问题,比与事物的知识相联系的那些问题更困难。让我们来考察我们的直观的判断的性质及范围,并把它作为与真理的知识相联系的问题中的第一个。

第十一章　论直观的知识

有一种普遍的印象,即我们所相信的一切东西都应该能够得到证明,或至少显得在很大程度是能得到证明的。许多人认为,我们无法为其提供理由的信念是不合理的信念。这种观点大体上是正确的。几乎我们的所有共同信念,都要么是从其它信念中推论出来的,要么是能够从其它信念中推论出来的,而其它信念可以被看成是为它们提供理由的。通常,理由已经被人忘记了,或者甚至从未有意识地被呈现给我们的心灵。例如,我们当中几乎没有人曾问过自己,有什么理由设想我们正要去吃的食物到头来不是有毒的。然而,当被质疑时,我们认为我们能够发现一种极其充分的理由——哪怕当时没有这样现成的理由;而且,我们的这种信念通常被证明是合理的。

但是,让我们想象有某个穷根究底的苏格拉底,不管我们给他什么理由,他都会继续要求为所给的理由再给一个理由。我们一定或迟或早——很可能用不了多久——会被逼到一个点;在这个点上,我们无法发现任何更进一步的理由,而且几乎可以肯定,即便从理论上讲,也没有更进一步的理由可以发现。从日常生活的普遍信念开始,我们可以一点一点地被逼往回退,直到我们发现某个一般原则或者一般原则的某个实例,而这个一般原则似乎是清

第十一章 论直观的知识

楚明白的,其自身不能从任何更明白的东西中推论出来。在绝大多数日常生活的问题上,比如在我们的食物是否可能是有营养的而非有毒的这个问题上,我们将被迫退回到我们在第六章中所讨论过的归纳原则。但是,超出那一点以后,似乎不存在更进一步的后退。这个原则自身也不停地被使用在我们的推理中,这种使用有时是有意识的,有时是无意识的;但是,那种从某个更简单的自明原则出发并使我们在结论中得出归纳原则的推理并不存在。同样的说法也适用于其它的逻辑原则。它们的真理性对我们来说是显而易见的,而且我们在构造证明的过程中将会使用它们;但是它们自身,或至少它们中的某一些,是不能得到证明的。

然而,自明并不限定于一般原则中那些无法得到证明的原则。当一定数量的逻辑原则得到承认时,其余的原则就能从它们中推论出来;推论出来的命题时常恰如未经证明就已被假定的那些命题一样是自明的。另外,所有算术命题都能从一般逻辑原则中推论出来,然而,简单的算术命题,比如"二加二等于四",恰如逻辑原则一样是自明的。

似乎也存在一些像"我们应该追寻善的东西"这样自明的伦理原则,尽管这一点是有争议的。

应该看到,在关于一般原则的所有情形中,涉及常见事物的具体实例比一般原则本身更明显。例如矛盾律所陈述的是,任何东西不能既具有某一属性,又不具有某一属性。一经理解,这一点就是显而易见的;但是,其自明度比不上这样的事实,即我们所看到的一支具体的玫瑰不能既是红的又不是红的。(当然,也可能是这样的:这支玫瑰的有些部分是红的,有些部分不是红的,或者它也许是浅红的,而我们几乎不知道是否该称这种浅红为红的;在前一种情况下,这支玫瑰作为一个整体来看显然不是红的,而在后一种情况下,我们一经确立关于"红"的精确的定义,从理论上讲,就有明确的答案了。)通常正是经由具体的例子,我们才开始能发现一般原则。唯有那些在处理抽象概念上富有经验的人,才能不借助于实例的帮助容易地把握一般原则。

除了一般原则,另外一种类型的自明真理是那些直接获自感觉的真理。我们将这样的真理叫作"知觉真理",而把表达它们的判断叫作"知觉判断"。但是,在这里,在领会自明真理的确切性质时要多加小心。实际的感觉材料既不是真的,也不是假的。例如,我看见的一片具体的颜色,仅仅就是存在着的:它不是那种或真或假的事物。存在这样的一片颜色,这一点是真的;这片颜色具有某种形状及明亮度,这一点也是真的;它被某些其它颜色环绕着,这一点还是真的。但是,像感官世界中的所有其它事物一样,这片颜色本身与那些或真或假的事物有着根本的不同,因此也就不能正确地被说成是真的。因而,可以从我们的感官中获得的任何自明真理,都一定不同于我们由之获得它们的感觉材料。

似乎有两种类型的自明的知觉真理,尽管这两种类型在最终的分析中也许可以合在一起。首先,有仅仅断言感觉材料的存在而不对其施加任何分析的自明的知觉真理。我们看见一片红色,于是我们断定"存在如此这般的一片红色",或者更严格地说,"存在那";这是一种类型的直观知觉判断。当感官对象是复杂的,且我们对其施加一定的分析时,另外一种就出现了。比如说,如果我们看见一片圆形的红色,我们可以断定"这片红色是圆形的"。这也是一个知觉判断,但它不同于我们前面的那一种。在我们当前的这一种中,我们具有一种既有颜色又有形状的单个的感觉材料:颜色是红的,形状是圆的。我们的判断把这种材料分析成颜色与形状,然后通过陈述红色在形状上是圆的,把它们重新结合起来了。这种判断的另外一个例子是"这在那的右边",这里的"这"和"那"是同时被看到的。在这种判断中,感觉材料包含一些彼此间具有某种关系的成分,并且这种判断断言这些成分具有这种关系。

另外一类直观的判断是记忆判断,它类似于感官判断,然而又完全不同于它们。由于对一个对象的记忆往往会伴随关于这个对象的意象,在记忆的性质问题上就存在某种混淆的危险;然而,意象不可能是构成记忆的东西。只要注意到意象是在当前的,而我们又知道被记住的东西是在过去的,就容易看出这一点。而且,我们确实能够在一定范围内把我们的意象与被记住的对象进行比较,以至于我们时常在多少有点宽泛的范围内知道我们的意象在多大程度上是准确的;但是,除非与意象不同的对象能以某种方式出现在心灵前,我们就不可能进行这样的比较。因而,记忆的本质不是由意象构成的,而在于心灵直接拥有被认为属于过去的一个对象。要不是存在此种意义上的记忆,我们原本完全不会知道曾经有一个过去,而且就像一个天生的盲人不能理解"光"这个词一样,也不能理解"过去"这个词。因而,一定存在直观的记忆判断,而且我们关于过去的全部知识最终都依赖于它们。

然而,记忆问题产生了一个困难,因为众所周知,它是靠不住的,并因此让人对一般的直观判断的可信性产生了怀疑。这个困难是不易解决的。但是,首先让我们尽可能缩小其范围。一般说来,记忆的可信性是和经验的鲜活度和它在时间中的靠近度成比例的。假如隔壁的房屋半分钟以前遭遇了雷击,那么我关于所看到和听到的东西的记忆将是可靠的,以至于如果怀疑终究是否有闪光,那将是可笑的。同样的说法也适用于不太鲜活的经验,只要它们是最近发生的。我绝对确信半分钟以前我坐在我现在所坐的这张椅子上。回溯到当天以前,我发现有些事物是我完全确信的,有些事物是我几乎确信的,有些事物是我通过思考并回忆相关情况才能确信的,还有些事物我无论如何是不会确信的。我完全确信我今天早晨吃了早餐;但是,假如我像一个哲学家那样完全不关心我的早餐,我就会产生怀疑。至于早餐期间所发生的谈话,有些是我能容易记起的,有些需要用心才能记起,有些虽能被记起却伴有很大程度的怀疑,而有些则根本记不起来。因此,我所记起的东西的自明度有一个连续的等级之分,而我的记忆的可信性也有一个相应的等级之分。

因而,对记忆的不可靠性这个困难的第一种答复,就在于说,记忆具有诸多的自明度,而且这些自明度对应于记忆的可信性,并将在对于最近发生的鲜活事件的记忆中上升到一种完全自明及完全可信的地步。

然而,有时我们似乎非常坚定地相信一种完全错误的记忆。很可能在这样的情况下,真正被记起的东西,就其被理解为直接出现在心灵之前的东西而言,不同于被错误地相信的东西,尽管它通常与后者联系在一起。据说,乔治四世经常说自己参加过滑铁卢战役,所以他最终也就相信自己参加过那次战役。在这种情况下,他所直接记起的东西是他多次重复的断言。他之所以相信他所断言的东西(假如存在的话),是因为想到了他所记住的断言;因此,这种信念不属于真正的记忆事例。不可靠的记忆事例大概全都能用这种方式加以处理,也就是说,我们能够表明它们根本不是严格意义上的记忆事例。

在关于自明的问题上,我们通过记忆事例而弄清了一个要点,这就是,自明是有程度的:它不是一种纯粹出现或不出现的性质,而是一种可以或多或少地出现的性质,它在等级上可以从绝对确定的程度向下延伸到几乎不可察觉的微弱的程度。知觉真理及某些逻辑原则的自明度最高,直接记忆的真理具有的自明度几乎也是最高的。归纳原则的自明度,要低于像"从真命题中推论出来的东西是真的"这样的逻辑原则的自明度。记忆,随着自身变得更遥远和更微弱,具有的自明性不断减少;逻辑和数学真理,随着自身变得越来越复杂,(一般说来)具有的自明性也会越来越少。内在的伦理的或美学的价值判断往往具有某种自明性,但它们的自明度不是很高。

自明度在知识论中是重要的,因为假如命题不是真的却又可以(似乎是很可能的)具有某种程度的自明性,那么就没有必要放弃自明与真理之间的一切联系,而只需说,在发生冲突时,自明度较高的命题将被保留,而自明度较低的命题将被抛弃。

然而,两个不同的概念似乎极有可能结合在以上所解释的"自明"中。其中一个对应于最高程度的自明性,它实际上是真理的一种绝对可靠的保证;而另一个对应于所有其它程度的自明性,它不提供一个绝对可靠的保证,而仅仅给出一种程度或高或低的假定。然而,这只是一种意见,到目前为止我们还不能对其加以进一步的阐发。在我们讨论了真理的性质之后,我们将回过头来结合知识与错误的区分来讨论自明问题。

第十二章 真与假

与事物的知识不同,真理的知识有一个对立面,即错误。就事物而言,我们可能认识它们或不认识它们,但是不存在一种明确的心灵状态可以被描述为对事物的错误的认识——至少当我们把自己限定于亲知的知识时是这样的。我们所亲知的任何东西都一定是某种东西,我们可能会从我们的亲知中做出错误的推论,但是亲知本身不可能带有欺骗性。因而,在亲知问题上不存在二元论。但是,就真理的知识而言,是存在一种二元论的。我们可能相信真的东西,也可能相信假的东西。我们知道,在大量的问题上,不同的人持有不同的及不相容的意见:因此,有些信念一定是错误的。由于错误的信念像真的信念一样,时常被人坚定地持有,如何把它们与真的信念区分开来就成了一个困难的问题。在特定的情况下,我们是如何知道我们的信念不是错误的呢?这是最困难的问题,我们对此不可能找出一种完全令人满意的答案。然而,有一个相对说来不太困难的预备性问题,这就是:我们用真和假意指什么?正是这个预备性问题才是我们在本章中所要考虑的。

在本章中,我们不是要问如何能知道一个信念是真的还是假的,而是要问:一个信念是真的还是假的这个问题意味着什么。我们希望,关于此问题的一个清晰的答案能够有助于我们获得关于什么信念是真的这一问题的答案；但是，现在我们只问"什么是真"及"什么是假"，而不问"什么信念是真的"及"什么信念是假的"。把这些不同的问题完全分开是非常重要的，因为它们之间出现的任何混乱，都一定会产生一种实际上不能应用于其中任何一者的答案。

在试图发现真的性质时，有三点需要注意，它们是任何理论都必须满足的三个必要条件。

(1)我们的真理理论必须为真的反面即假留有余地。很多哲学家都未能充分地满足这个条件：他们构造了一些理论，根据这些理论，我们的一切思想都应该是真的，于是他们很难为假找到一个位置。在这方面，我们的信念理论一定不同于我们的亲知理论，因为在亲知的情形中，我们不必考虑某种相反的东西。

(2)似乎相当明显，如果没有信念，那么在真是与假相关联的这种意义上，既不可能有假，也不可能有真。如果我们想象一个纯粹物质的世界，那么在这样的一个世界中不会没有假的位置，而且尽管这个世界包含可以被称为"事实"的东西，就真与假属于同一类事物而言，它也不会包含真。事实上，真和假是信念和陈述的性质；因此，一个纯粹物质的世界，由于不包含信念和陈述，也就不包含真或假。

(3)但是，与我们刚刚所说的形成对照的是，我们将会看到，一个信念的真或假始终取决于信念本身以外的某种东西。如果我相信查理一世死在断头台上，那么我的信念之所以是真的，不是因为我的信念所具有的任何内在性质，即仅仅通过考察该信念就能发现的某种内在性质，而是因为发生在两个半世纪以前的一个历史

第十二章 真与假

事件。如果我相信查理一世死在他的床上,那么我的信念是假的:不管我的信念多么强烈,也不管我在获得这个信念时多么谨慎,我都无法阻止这个信念成为假的,而这又是因为发生在很久以前的一件事情,而不是因为我的信念的任何内在属性。因此,尽管真和假是信念的属性,但是这些属性依赖于信念与别的事物的关系,而非信念所具有的任何内在的性质。

上述第三个必要条件导致我们接受这样的观点,即真在于信念与事实之间某种形式的符合。总体上看,这种观点在哲学家们中间是最普遍的。然而,发现一种人们不能对之进行反驳的符合形式绝不是一件容易的事情。部分地因为这一点,也部分地因为人们认为,假如真在于思想与思想之外的某种东西的符合,那么思想绝不能知道真是何时被获得的,许多哲学家于是不得不试图为真寻找另外一类定义,而这类定义并不把真定义为信念与完全外在于信念的某种东西之间的关系。人们在寻找这类定义时所做的最重要尝试,就是提出这样一种理论,即真在于融贯。据说,假的标志就是我们的信念集合体缺少融贯性,而真的本质即在于是那个完满的体系即绝对真理(The Truth)的一部分。

然而,这种观点有一个很大的困难——确切地说,有两个很大的困难。第一个困难是,没有理由假定仅可能有一个融贯的信念集合体。一个具有充分想象力的小说家可以为这个世界虚构一种过去,这种过去完美地契合于我们所知道的东西,然而却又完全不同于真实的过去。在一些更具科学性质的问题上,确实常常有两个或更多的解释某一主题的所有已知事实的假说,而且在这样的例子中,尽管科学家努力发现一些事实来排除某一假说之外的所有其它假说,但还是无法解释为什么那些假说总是成功的。

还有,在哲学上,似乎并不罕见的是,两个彼此竞争的假说都能解释所有事实。因而,比如说,生命可能是一场漫长的梦,并且外部世界可能仅仅具有梦中对象所具有的那种实在程度。尽管这样的观点似乎与已知事实并不一致,我们还是没有理由选择它而放弃常识的观点——根据常识的观点,他人和事物事实上都是实际存在的。因而,融贯作为真的定义是不成功的,因为无法证明只能有一个融贯的体系。

对这个真的定义的另一种反对意见是,这个定义假定"融贯"的意义是已知的,而事实上"融贯"预先假定了逻辑法则的真理性。两个命题都可以是真的时,这两个命题是融贯的;当其中至少一个一定是假的时,它们是不融贯的。现在,为了知道两个命题是否都可以是真的,我们必须知道像矛盾律这样的真理。例如,因为有了矛盾律,"这棵树是山毛榉"和"这棵树不是山毛榉"这两个命题是不融贯的。但是,假如矛盾律本身要接受融贯性检验,那么我们应该发现,若我们愿意设定它是假的,则任何东西都不再和任何其它东西不融贯了。因而,逻辑法则提供了融贯性检验应用于其中的纲要或框架,而它们自身不能再通过这种检验而被确立。

出于以上两种理由,我们不能承认融贯提供了真的意义,尽管在我们获知一定数量的真理之后,它常常是检验真理的一种极其重要的手段。

因此,我们被迫回到与事实的符合这点上来,它构成了真的性质。尚待精确解释我们用"事实"意指什么以及符合的性质是什么——为了使信念可以成为真的,这种符合必须存在于信念与事实之间。

按照我们的三个必要条件,我们不得不寻找一种具有下述性质的真理理论:(1)允许真有一个对立面,即假;(2)使真成为信念的一种性质;而且(3)使真成为一种完全取决于信念与外在事物之间的关系的性质。

若必须承认假,我们就不可能把信念看作是心灵与可以被说成是所信之物的一个单一对象之间的关系。如果认为信念就是那样的关系,我们应该发现,像亲知一样,它不会为真与假的对立留有余地,而必须始终是真的。可以通过例子来阐明这一点。奥赛罗错误地相信苔丝狄蒙娜爱卡西奥。我们不能说这个信念就在于奥赛罗与一个单一对象即"苔丝狄蒙娜对卡西奥的爱"(Desdemona's love for Cassio)之间的关系,因为假如存在这样的一个对象,这个信念就会是真的。事实上不存在这样的对象,于是奥赛罗就不可能与这样的对象有任何关系。因此,他的信念不可能是他与这个对象之间的关系。

也许可以说,他的信念是与一个不同的对象之间的关系,而这个对象就是"苔丝狄蒙娜爱卡西奥"(that Desdemona loves Cassio);但是,当苔丝狄蒙娜不爱卡西奥时,设想存在这样的一个对象,几乎和设想存在"苔丝狄蒙娜对卡西奥的爱"一样困难。因此,最好寻找一种信念理论,此种理论不让信念成为心灵与一个单一对象之间的关系。

通常认为关系好像始终是在两个项之间成立的,但事实上并非始终如此。有些关系需要三个项,有些关系需要四个项,等等。以"在……之间"这种关系为例。如果仅有两个项进入其中,"在……

之间"这种关系就是不可能的;要使其成为可能,至少需要三个项。纽约在伦敦和爱丁堡之间,但是假如世界上只有伦敦和爱丁堡这两个地方,那就不可能有什么东西存在于一个地方和另一个地方之间。同样地,嫉妒需要有三个人:不可能存在这样一种关系,它不涉及至少三个人。像"A 希望 B 促成 C 与 D 的婚姻"这样的一个命题,牵涉到四个项之间的一种关系;也就是说,A、B、C 和 D 全都进入其中了,而且除非通过一种涉及所有这四个项的形式,此种关系是无法表达出来的。例子还可以无限地增加,但这已足以表明有些关系是需要两个以上的项才能发生的。

假如我们要适当地为假留下余地,判断(judging)或相信(beliving)所包含的关系就必须被理解成几个而非两个项之间的关系。当奥赛罗相信苔丝狄蒙娜爱卡西奥时,他一定不会想到一个单一的对象"苔丝狄蒙娜对卡西奥的爱"或"苔丝狄蒙娜爱卡西奥",因为那样的话,就必需有独立于任何心灵而存在的客观的假;而且尽管这并不是逻辑上可反驳的,却是一种应该尽量避免的理论。因而,假如我们把判断理解成心灵和各相关对象都分别出现在其中的关系,那么解释假就比较容易了;也就是说,苔丝狄蒙娜、爱及卡西奥,全都必须是在奥赛罗相信苔丝狄蒙娜爱卡西奥时所存在的关系中的项。因而,这种关系是四项之间的关系,因为奥赛罗也是这种关系中的一个项。当我们说它是一种四项之间的关系时,我们并不是指,奥赛罗同苔丝狄蒙娜之间具有某种关系,并且同爱和卡西奥也分别具有同一种关系。对不同于相信的某种其它关系来说,情况可能就是这样的;但是,相信显然不是奥赛罗与相关三项中的每一项之间都具有的一种关系,而是与三者共同构成

第十二章 真与假

的整体之间所具有的一种关系：只存在一例相关的相信关系，但是这个例子把四个项都连在了一起。因而，在奥赛罗具有自己的信念的那一时刻，实际发生的事情是，被称为"相信"的关系就在于把奥赛罗、苔丝狄蒙娜、爱和卡西奥这四个项联结成了一个复合整体。所谓的信念或判断只不过是相信或判断这样的关系，此种关系把心灵与不同于心灵自身的几个对象关联了起来。一种信念或判断行为，就是在某个具体的时间在某些项之间所发生的相信或判断关系。

我们现在有能力理解是什么东西把真判断与假判断区分开来的。为了达到这种理解，我们将采纳某些定义。在每一种判断行为中都有一个进行判断的心灵，而且也有一些项——心灵就是针对这些项而进行判断的。我们将把心灵叫作判断的主体，并把其余的项叫作对象。因而，当奥赛罗判断苔丝狄蒙娜爱卡西奥时，奥赛罗是主体，而苔丝狄蒙娜、爱和卡西奥是对象。主体和对象一起被称作判断的成分。我们将会看到，判断关系具有所谓的"意义"或"方向"。我们可以打比方说，它把它的对象放在了某种次序中，而我们可以通过句子中的词的次序来揭示这种次序。（在屈折语中，同样的东西将通过词形的屈折变化——比如通过主格和宾格之间的差别——而得到揭示。）奥赛罗做出的关于卡西奥爱苔丝狄蒙娜的判断，不同于他做出的关于苔丝狄蒙娜爱卡西奥的判断，尽管事实上两个判断都是由同样的成分组成的；这是因为，判断关系在两种情况下把成分放在了不同的次序中。同样地，假如卡西奥判断苔丝狄蒙娜爱奥赛罗，那么判断的成分依然没有变，但判断成分的次序变了。具有一种"意义"或"方向"，是判断关系与所有其它关系共有的一种性质。关系的"意义"是次序、序列及许多数学概念的最终来源。但是,我们无需深入探讨这一方面。

74　　我们说过,被称为"判断"或"相信"的关系把主体和对象联结成了一个复合整体。在这方面,判断完全相似于每一种其它关系。每当一种关系在两个或更多的项之间成立时,它就把这些项联合成了一个复合整体。当奥赛罗爱苔丝狄蒙娜时,就存在"奥赛罗对苔丝狄蒙娜的爱"这样的一个复合整体。由关系所联结起来的项本身可以是复合的,也可以是简单的,但是从它们的联结中产生的整体一定是复合的。哪里有把某些项关联起来的关系,哪里就有由这些项的联结而形成的复合对象;而且反过来,哪里有复合对象,哪里就有把该复合对象的成分关联起来的关系。当一种相信行为发生时,就有一个复合物;在这个复合物中,"相信"是联结各个项的关系,且主体和对象由相信关系的"意义"安排在一定的次序中。在这些对象中,就像我们在考虑"奥赛罗相信苔丝狄蒙娜爱卡西奥"时所看到的那样,一定有一个关系——在这个例子中,关系是"爱"。但是这种关系,当出现在相信行为中时,并不是产生由主体和对象所构成的那个复合整体的统一性的关系。关系"爱",当出现在相信行为中时,是对象之一:它是建筑物中的一块砖,而不是水泥。水泥是关系"相信"。当这个信念是真的时,就有另外一个复合统一体;在这个统一体中,作为这个信念的对象之一的关系把其它对象关联了起来。因而,例如,假如奥赛罗正确地相信苔丝狄蒙娜爱卡西奥,那么就会有一个复合统一体即"苔丝狄蒙娜对卡西奥的爱";而这个复合统一体仅仅是由该信念的诸对象按照它们在该信念中的本来次序构成的,并且它拥有作为对象之一的关系,这种关系现在是作为把该信念的其它对象捆绑在一起的纽带而出现的。另一方面,当一个信念是假的时,就不存在任何只由该信念的对象所构成的复合统一体。假如奥赛罗错误地相信苔丝狄蒙娜爱卡西奥,那么就不存在像"苔丝狄蒙娜对卡西奥的爱"这样的复合统一体。

因而,当一个信念符合某个与其相关的复合物时,它就是真的,而当它不符合时,就是假的。为了更明确,假定信念的对象是两个项和一种关系,而且项是按照相信的"意义"而被置于一定的次序之中的,于是,如果这种次序下的两个项被关系联合成了一个复合物,该信念就是真的;如果不是,该信念就是假的。这就构成了我们所寻求的真和假的定义。判断或相信是某种复合统一体,并以心灵作为它的一个成分;假如其余的成分是依它们在信念中的次序而被获得的,并形成了一个复合统一体,那么信念就是真的;否则,信念就是假的。

因而,尽管真和假是信念的性质,然而它们在某种意义上是外在的性质,因为信念的真值条件是某种不涉及信念的东西,或者说(一般说来)是某种根本不涉及任何心灵的东西,它只涉及信念的对象。对于一个有所相信的心灵来说,当存在一种不涉及该心灵自身而只涉及它的对象并与它的信念相符合的复合物时,它就在正确地相信某种东西。这种符合是真理的保证;而当这一复合物不存在时,信念就是假的。因而,我们同时解释了两个事实:(1)信念的存在依赖于心灵;(2)信念的真不依赖于心灵。

可以将我们的理论重述如下:如果我们以"奥赛罗相信苔丝狄蒙娜爱卡西奥"这样的信念为例,那么我们将把苔丝狄蒙娜和卡西奥称作对象-项,把爱的行为称作对象-关系。假如存在一个复合统一体"苔丝狄蒙娜对卡西奥的爱",并且该统一体是由对象-关系所关联起来的诸对象-项按照它们在这个信念中所具有的次序构成的,那么这个复合统一体就被称作与该信念相符合的事实。因而,一个信念是真的,当有一个与之相符的事实时;一个信念是假的,当不存在任何与之相符的事实时。

我们将看到,心灵不创造真或假。它们创造信念;但是一旦信念被创造了,心灵就不能使它们成为真的或假的——除了在特殊情况下,例如当信念涉及像赶火车这样的能为信念持有者所掌控的未来事情时。使一个信念为真的是某一事实,而这个事实无论如何不涉及信念持有者的心灵。

现在既已确定了真和假的意义,下一步就必须考虑有什么办法知道这个或那个信念是真的或假的。我们将在下一章中做出这种考虑。

第十三章　知识、错误与可能性意见

我们在前一章中考虑了真和假的意义问题,这个问题远远没有我们如何能知道什么是真的及什么是假的这样的问题有趣。在本章中,我们将探讨这个问题。毫无疑问,我们的一些信念是错误的;因而,我们必须探究我们终究能在多大程度上确定如此这般的一个信念不是错误的。换句话说,我们终究能够知道什么东西吗?或者说,我们只是有时碰巧相信了真的东西吗?然而,在我们能够解决这个问题之前,我们首先必须确定我们用"知道"意指什么,而这个问题并不像人们所想象的那么容易。

乍一看,我们也许会认为,知识可以被定义为"真的信念"。当我们所信的东西是真的时,也许可以认为我们已经获得了我们所信的东西的知识。但是,这不符合这个词的通常使用方式。举一个很平常的例子:假如一个人相信已故首相的姓是以一个字母 B 开头的,那么他就相信了真实的东西,因为已故首相是亨利·坎贝尔·班纳曼(Henry Campbell Bannerman)爵士[①]。但是假如他相信巴尔弗(Balfour)先生是已故首相,他依然会相信已故首相的姓

[①] 班纳曼于 1905-1908 年任英国首相,1908 年在任上去世,而罗素写作本书时间大约为 1910-1911 年。——译者注

是以一个字母B开头的;不过,这个信念尽管是真的,却不会被认为构成了知识。假如一张报纸在收到任何告知一场战役结果的电报之前就通过智慧的预言宣布了这场战役的结果,那么它也许碰巧宣布了后来被证明为正确结果的东西,而且可能让一些经验不足的读者相信它所宣布的这个结果。但是,尽管这些读者的信念是真的,我们却不能说他们具有知识;这是因为,如果一种真的信念是从一种假的信念中推论出来的,它显然不是知识。

同样地,如果一个真的信念是通过一种谬误的推理过程而推论出来的,那么即使由之推出的前提是真的,它也不能被称为知识。假如我知道所有希腊人都是人,并且苏格拉底是人,于是我推断苏格拉底是希腊人,那么就不能说我知道苏格拉底是希腊人,因为尽管我的前提和我的结论都是真的,可是结论并不是从前提中推论出来。

但是,我们要说除了有效地从真的前提中推论出来的东西之外就没有什么东西是知识吗?我们显然不能这样说。这样的定义既过于宽泛,又过于狭隘。首先,它过于宽泛,因为光有我们的前提是真的这一点还不够,我们还必须知道它们。相信巴尔弗先生是已故首相的人,可以继续由已故首相的名字是以字母B开头的这个真实的前提进行有效的推论,但不能说他知道通过这些推论而获得的结论。因而,我们不得不通过下面这样的说法来修正我们的定义:知识就是从已知的前提中有效地推论出来的东西。然而,这是一个循环定义:它假定了我们已经知道"已知的前提"是什么意思。因此,它至多能够用来定义一种类型的知识,即我们所谓的派生的知识;此种知识是相对于我们的直观的知识而言的。我

第十三章 知识、错误与可能性意见

们可以说:"派生的知识是从凭借直观的方式而被我们知道的前提中有效地推论出来的东西。"这个陈述没有形式上的缺陷,但我们还得去寻找关于直观的知识的定义。

眼下,我们把直观的知识的问题放在一边,而只考虑上面所提出的派生的知识的定义。对这个定义的主要反对意见是,它不适当地限制了知识的范围。常常出现下述这样的情况:人们具有一种真的信念,这种信念之所以在他们的心中产生,是因为有某种直观的知识,而它能从这种直观的知识中被有效地推断出来,但是事实上它不是凭借任何逻辑过程而被推论出来的。

以通过阅读而产生的信念为例。假如报纸报道了国王的死讯,我们可以有相当充分的理由相信国王已经不在了,因为如果这个消息是假的,报纸就不会做出这类报道;而且,我们亦有完全充足的理由相信报纸断言国王死了。但是在这里,我们的信念以其为基础的直观的知识是关于感觉材料的存在的知识;这种知识是因为我们看了提供消息的印刷文字而产生的。然而,这种知识几乎不会进入到意识中,除非这个人没有多少阅读能力。一个儿童可以觉察到字母的形态,并逐渐地、痛苦地开始认识到它们的意义。但是,任何一个习惯于阅读的人都会立即明白这些字母的意义,而且除非通过反思,他觉察不到他是从被称为看到了印刷字母的感觉材料中获得这种知识的。因而,尽管一种从字母到其意义的有效推论是可能的,并且能够由读者来实施,但这种推论事实上不是被实施的,因为他确实没有实施任何可以被称为逻辑推论的操作。然而,如果说读者不知道报纸报道了国王的死讯,那将是荒唐的。

因此，无论什么东西，只要是直观的知识的结果（哪怕只是通过联想而产生的结果），只要与直观的知识之间存在一种有效的逻辑关联，且相关的人能通过反思而意识到这种关联，我们就必须承认它是派生的。事实上，除了逻辑推论以外，还有许多方法可以让我们从一种信念过渡到另一种信念：从印刷文字到其意义的过渡就是这些方法的一个例子；这些方法可以被称为"心理的推论"。因此，只要与心理推论相平行的逻辑推论是可发现的，我们就将承认这样的心理推论是获得派生的知识的手段。这使得我们关于派生的知识的定义不如我们所期待的那样精确，因为"可发现的"这个词是模糊的：它不告诉我们需要有多少反思才可以做出这种发现。但事实上，"知识"并不是一个精确的概念：就像我们在本章的讨论过程中将会更加充分地看到的那样，它与"可能性意见"合为一体了。因此，不应该寻找一种非常精确的定义，因为任何这样的定义都一定或多或少会误导人。

然而，知识问题上的主要困难不是出现在派生的知识上，而是出现在直观的知识上。只要我们在讨论派生的知识，我们就可以依赖直观的知识来对它们进行检验。但是，关于直观的信念，若要发现某个标准，并据此标准把一些信念认作真的而把另一些信念认作是假的，那绝非易事。在这个问题上，几乎不可能获得任何非常精确的结果：我们所有的真理的知识都被注入了某种程度的怀疑，而且忽视这个事实的理论显然将会是错误的。然而，我们可以通过做某种事情来减轻这个问题的困难。

首先，我们的真理理论提供了一种可能性，这种可能性即在于我们能在确保无误的意义上把某些真理当作自明的真理挑选出

第十三章　知识、错误与可能性意见

来。我们说过,当一个信念是真的时,就有一个与之相符的事实,且在这个事实中,该信念的几个对象形成了一个单一的复合体。只要这个信念满足我们在本章中一直在考虑的另外那些多少有些模糊的条件,我们就说它构成了关于这个事实的知识。但是,关于任何事实,除了由信念构成的知识外,我们也可以具有由知觉(在其最宽泛的可能的意义上来理解这个词)构成的知识。例如,假如你知道日落的时间,你就能在那个时间知道太阳正在落山这个事实:这是经由真理的知识而来的关于事实的知识;但是,假如天气好,你也能往西看,并能实际地看见正在落山的太阳:这样,你就是通过事物的知识知道了同一个事实。

因而,对于任何一种复合事实,从理论上看,我们可以有两种获知方式:(1)通过判断。在判断中,我们判定复合事实的几个部分按事实所是的样子关联在一起。(2)通过亲知这个复合事实本身。这种亲知在一种广泛的意义上可以被称为知觉,尽管它绝不限定于感官对象。现在,我们将看到,知道一个复合事实的第二种方式即亲知的方式,仅当确实有这样的一个事实时才是可能的;而第一种方式,像所有判断一样,是可能出错的。第二种方式给予了我们复合整体,而且因此,仅当该复合整体的诸部分确实具有使它们合并到一起并形成这样的一个复合物的关系时,它才是可能的。相反,第一种方式分别给予了我们诸部分及关系,而且只要求这些部分及关系是实在的:关系也许不会以这种方式将这些部分关联起来,然而判断是可以出现的。

我们记得,在第十一章的末尾,我们曾提出有两种自明性,一种提供了真理的绝对保证,另一种只提供了部分保证。我们现在能够对这两种自明性加以区分了。

我们可以说,当我们亲知与一种真理相对应的事实时,这种真理就首先且完全绝对是自明的。当奥赛罗相信苔丝狄蒙娜爱卡西奥时,假如他的信念是真的,那么与他的信念相符合的事实将是"苔丝狄蒙娜对卡西奥的爱"。这是除了苔丝狄蒙娜以外任何人都不能亲知的一个事实;因此,在我们正在考虑的自明的意义上,苔丝狄蒙娜爱卡西奥这个真理(假如它是一种真理的话)仅仅相对于苔丝狄蒙娜而言才能是自明的。所有精神的事实以及所有涉及感觉材料的事实都有这种私人性(privacy)。在我们当前所论的意义上,它们仅仅相对于一个人来说才是自明的,因为只有一个人能亲知精神的事物或相关的感觉材料。所以,任何关于特殊的存在物的事实都不能对一个以上的人呈现为自明的。另一方面,关于共相的事实没有这种私人性。许多心灵都可以亲知同一种共相;因此,许多不同的人都可以通过亲知而知道两个共相之间的关系。每当我们凭借亲知而知道由某些项依照某种关系而组成的一种复合事实时,我们就说这一真理(即这些项是如此关联起来的)具有首要的及绝对的自明性,而且既然如此,这些项是如此关联起来的这一判断就一定是真的。因而,这种自明是真理的绝对保证。

尽管这种自明是真理的一种绝对保证,但是就任何给定的判断而言,它不能使我们绝对确信这种判断是真的。假定我们首先注意到了太阳在照耀这一复合事实,并由此继续做出"太阳在照耀"这一判断。在从知觉过渡到判断时,有必要分析这一特定的复合事实:我们必须把"太阳"和"照耀"作为这一事实的成分而分离出来。在这个过程中,犯错误是可能的;因此,即便一个事实具有

第十三章 知识、错误与可能性意见

首要的及绝对的自明性,一个据信与这个事实相符合的判断也不是绝对不可错的,因为它也许实际上并不与这个事实相符。假如它确实与事实相符(在前一章所解释的那种意义上),那么它一定是真的。

第二种自明性首先是属于判断的,它并不是从对一个事实即一个单一复合整体的直接知觉中产生的。这第二种自明是有程度之分的,它可以从最高的程度下降到一种对信念有所支持的纯粹的倾向。以一匹马沿着一条艰硬的道路从我们身边走过的情形为例。起初,我们完全确信我们听到了马蹄声;如果我们专心地听,渐渐就会出现这样的一个时刻,在这个时刻我们认为这种声音也许是一种幻觉,或是楼上百叶窗的声音,或是我们自己的心跳声;最后我们会怀疑究竟是否有声音。再往后,我们认为我们不再听到任何东西,而最终我们知道我们不再听到任何东西。在这个过程中,有一种从最高程度到最低程度的连续的自明的等级;此种等级不体现于感觉材料上,而体现在以其为基础的判断上。

再者,设想我们正在比较两种深浅度的颜色,一种是蓝色的,另一种是绿色的。我们完全能够确信它们是具有不同深浅度的颜色;但是,如果我们逐渐改变绿色以使其越来越像蓝色,并且改变的顺序是,首先让它变成蓝-绿色,然后变成绿-蓝色,最后变成蓝色,那么我们终究会在某一时刻怀疑我们是否能够看出什么差别来,然后又会在一个时刻知道我们看不出什么差别来。在调整音乐仪器的声音时,或在任何其它的存在连续的等级的情况下,也会发生同样的情况。因而,这种类型的自明性是一个程度问题,而且较高的程度似乎显然比较低的程度更会得到人们的信任。

在派生的知识中,我们的最初前提必须具有某种程度的自明性,而且它们与从自身中推演出来的结论之间的联系也必须如此。以几何学中的一种推理为例。单有我们由以出发的公理是自明的这一点还不够;还有一点也是必要的,那就是,在推理过程的每一步中,前提和结论之间的联系都应该是自明的。在困难的推理中,这种联系时常只有一种很低程度的自明性;因此,当遇到很大的困难时,推理的错误不是不可能发生的。

从上面所说过的话中显然可以看出,关于直观的知识及派生的知识,如果我们假定直观的知识的可信性是与这类知识的自明性的程度成比例的,那么将存在一种可信性的等级;这种等级上至容易引起我们注意的感觉材料的存在及逻辑和数学的简单真理,下至我们的判断;前者可以被看成是完全确定的,后者似乎刚好比其对立面多一点可能而已。我们所坚信的东西,如果是真的,就被称作知识,只要它或者是直观的,或者是从一种直观的知识中(逻辑地或心理地)推出的——这种直观的知识我们坚信的东西可逻辑地从之推出的东西。我们所坚信的东西,如果不是真的,就被称作错误。我们所坚信的东西,如果既不是知识,也不是错误,就可以被称作可能性意见;而且,我们带着犹豫的态度相信的东西也可以被称作可能性意见,因为它是某种并不具有最高程度的自明性的东西,或者是获自于不具有最高程度的自明性的东西。因而,在通常被看作我们的知识的东西中,大部分都或多或少是一种可能性意见。

关于可能性意见,我们能由融贯性获得巨大的帮助;我们不承认融贯是真理的定义,但我们可以经常把它用作一种标准。假如一组各自分别具有可能性的意见是彼此融贯的,那么相比于其中任何单独的一个,这组意见将具有更大的可能性。正是通过这种方式,许多科学的假说才获得了其可能性。它们融合成一个融贯的可能性意见的体系,并因而比每一种孤立的意见具有更大的可能性。同样的事情也适用于一般的哲学假设。时常,在一种单一的情形中,这样的假设似乎是极其可疑的;然而,当我们考虑它们引入到大量可能性意见中的次序与融贯性时,它们就变得几近确定了。这尤其适用于像区分梦与醒时的生活这样的问题。假如我们夜复一夜所做的梦,就像我们的白天一样,总体上是彼此融贯的,那么我们几乎就不知道应该相信梦还是相信醒时的生活。实际上,融贯性检验否定了梦而证实了醒时的生活。但是,这种检验,尽管在其成功的地方提升了可能性,却从未给出绝对的确定性,除非融贯的体系在某个点上已经有了确定性。因而,如果仅仅对可能性意见进行组织,那么这种组织本身将绝不会把可能性意见转变为不可怀疑的知识。

第十四章 哲学知识的限度

在我们迄今所说的与哲学相关的一切东西中，我们几乎没有触及在绝大多数哲学家的作品中占有很大篇幅的许多问题。绝大多数哲学家——或至少，很多哲学家——都声称能够通过先天的形而上学推理，证明诸如宗教的基本教义、宇宙的本质上的合理性、物质的虚幻性以及恶的非实在性之类的东西。期待发现相信此类论题的理由，毫无疑问是许多终生研究哲学的人的主要动力。我相信，这种期待是徒劳的。涉及作为整体的宇宙的知识似乎不会通过形而上学被获得，而且所提出的证明是经不起审慎检查的；这类证明说：根据逻辑法则，如此这般的事物一定存在，而且如此这般的其它事物不能存在。在本章中，我们将简单地考虑人们是通过何种方式来尝试进行这样的推理的，以图发现我们能否期待它可能是有效的。

在现代，我们希望考察的这类观点的重要代表人物是黑格尔(1770 - 1831)。黑格尔的哲学非常艰深；在如何真正解释他的哲学这个问题上，评论家们有不同的看法。我要采纳的解释，如果不是绝大多数评论家的解释，至少也是许多评论家的解释；这种解释有一种优点，那就是为我们提供了一种有趣而重要的哲学类型。根据这种解释，黑格尔的主要论题是，整体以外的任何东西显然都

第十四章 哲学知识的限度

是不完全的,而且如果没有世界的其余部分所提供的补足物,显然也是不能实际存在的。一个比较解剖学家会从一根骨头看出整体一定是什么类型的动物;与此相同,根据黑格尔的看法,形而上学家会从任何一片实在中发现整体的实在一定是什么——至少能看出其主要轮廓来。事实上,每一片表面上分开的实在都有一些钩,这些钩将它与下一片实在钩在了一起;下一片实在反过来又有一些钩,如此等等,直到整个宇宙被重新构建起来。根据黑格尔的看法,思想世界和事物世界似乎都同样具有这种本质上的不完全性。在思想世界,如果我们接受某种抽象的或不完全的观念,那么我们通过考察将会发现,我们若忘记它的不完全性,就会陷入矛盾之中。这些矛盾使所讨论的观念变成了其对立面或者说反题,而且为了逃避矛盾,我们必须发现一个新的相对完全的观念,它是我们最初的观念与其反题的综合。不过,我们将发现,这个新的观念,尽管比我们由之开始的观念相对完全一些,依然不是足够完全,而会进入自己的反题,且必须在一种新的综合中与反题相结合。黑格尔就是以这种方式往前推进的,并一直推进到"绝对观念";按照黑格尔的看法,绝对观念没有不完全性,没有对立面,而且也不需要进一步地发展。因此,绝对观念可以充分描述绝对实在;一切相对低级的观念都只描述不完全的观点所看到的实在,而不描述一个同时审视全体的人所看到的实在。因而,黑格尔得出这样的结论:绝对实在形成了一个单一的和谐的系统,它不在时间或空间中,没有任何程度的恶,并且完全是理性的,也完全是精神的。黑格尔认为,在我们所知道的这个世界上,我们能从逻辑上证明,任何相反的现象都是因为我们以一种碎片化的、一点一点的方式看待这个世界而产生的。假如我们看到宇宙全体(我们可以设想上帝看到了这种全体),那么空间、时间、物质、恶以及一切努力与斗争都会消失,而且我们还会替代性看到一种永恒的、完美的、不变的精神统一体。

在这个概念中,不可否认有某种不同寻常的东西,它是我们能够期待去同意的某种东西。不过,当仔细考察支持它的论证时,会发现这些论证似乎包含许多混乱及无法得到保证的假定。这个体系所建立于其上的基本信条是,不完全的东西一定不是自我存在的,且它在能够存在之前一定需要其它事物的支持。黑格尔认为,任何与自身之外的事物具有关系的东西,就其本性而言都一定在某种程度上与那些外部的事物相关联,而且因此,假如那些外部的事物不存在,它们就不能是其所是。例如,一个人的本性是由他的记忆、他的其余的知识及他的爱与恨等等构成的;因而,倘若没有他所知、所爱或所恨的对象,他就不能是其所是。他必然且明显是一个碎片:当被作为全体的实在来理解时,他就会自相矛盾。

然而,这整个的观点取决于事物的"本性"这个概念;这个概念似乎意味着"关于事物的一切真理"。当然,把一个事物与另一个事物联系起来的真理是不能存在的,假如另一个事物不存在的话。但是,关于一个事物的真理不是这个事物本身的一部分,尽管根据上述惯常用法,它一定是这个事物的"本性"的一部分。假如我们用一个事物的"本性"意指关于这个事物的所有真理,那么除非我们知道一个事物与宇宙中其它一切事物的一切关系,我们显然不能知道这个事物的"本性"。假如"本性"这个词是在这种意义上被使用的,我们将不得不认为,当我们不知道——或无论如何,不完

第十四章 哲学知识的限度

全知道——这个事物的"本性"时,我们就可以知道它。当"本性"一词的这种用法被采纳时,在事物的知识与真理的知识之间就存在一种混乱。即使我们极少知道关于一个事物的命题,我们也可以通过亲知而知道这个事物;从理论上讲,我们无需知道任何关于它的命题。因而,亲知了一个事物并不意味着知道其上述意义上的"本性"。而且,尽管对我们来说,知道关于一个事物的任何一个命题都意味着亲知了一个事物,然而却不意味着也知道了其上述意义上的"本性"。因此,(1)亲知了一个事物在逻辑上并不意味着知道它所具有的关系,而且(2)知道它所具有的某些关系并不意味着知道它所具有的全部关系,也不意味着在上述意义上知道其"本性"。例如,我可以亲知我的牙痛,而且我的这种知识可以是完全的,就像亲知的知识终究能是完全的一样,而无须知道牙医(他不亲知我的牙痛)在我牙痛的原因问题上所能告诉我的一切,因此亦无须在上述意义上知道其"本性"。因而,一个事物具有关系并不证明它所具有的关系是逻辑上必然的;也就是说,由它是其所是这一单纯的事实,我们推论不出它一定具有它事实上具有的各种关系。只是因为我们已经知道了它,这似乎才是可以理解的。

因此,我们不能证明,作为整体的宇宙,就像黑格尔所认为的那样,形成了一个单一的和谐的系统。而且,假如我们不能证明这一点,我们也就不能证明空间、时间、物质以及恶的非实在性,因为这种非实在性是黑格尔从这些事物的不完全的及关系化的特性中推演出来的。因而,我们需要一点一点地研究这个世界,而且无法知道宇宙中远离我们的经验的那些部分的特性。这样的结果,尽管对于被哲学家们的体系唤起了希望的那些人来说是令人失望的,然而却与我们时代的归纳的及科学的倾向相一致,而且为我们在前面诸章中所做出的对人类知识的整体考察所证明。

形而上学家们在做出其绝大部分具有伟大抱负的尝试之前,都先努力证明现实世界如此这般的明显特征是自我矛盾的,因此也就不可能是实在的。然而,现代思想的整体趋势越来越表明,他们所假想的矛盾是虚幻的,而且对一定存在之物所做的思考很少能被先天地证明。这方面的一个有说服力的例子是由空间和时间提供的。空间和时间在范围上似乎是无限的,而且也是无限可分的。假如我们沿着一条直线朝着两个方向中的任何一个方向旅行,那就难以相信我们最终将达到一个终点——在所说的这个终点外是没有任何东西的,甚至没有空的空间;类似地,假如我们以想象的方式在时间中倒行或前行,那就难以相信我们将达到一个起始的或终了的时间——在这个时间之外甚至没有空的时间。因而,空间和时间在范围上似乎是无限的。

再者,如果我们取一条直线上的任意两个点,那么在这两点之间,不管距离有多近,都显然一定还有其它的点:每一个距离都可以半分,这些半分的距离又可以半分,如此以致无穷。同样地,在时间上,不管流逝在两个时刻之间的时间多么短暂,这两个时刻之间显然还将有别的时刻。因而,空间和时间似乎是无限可分的。但是,与这些明显的事实即无限的范围和无限的可分性形成对照的是,哲学家们提出了一些论证,这些论证倾向于表明:不可能有无穷的事物集合,而且因此,空间中的点的数目及时间中的瞬的数目都一定是有限的。因而,在空间和时间所明显具有的性质与假定的无穷集合的不可能性之间,就出现了一个矛盾。

第十四章 哲学知识的限度 141

康德第一个强调了这个矛盾,他推演出空间和时间的不可能性,并宣称空间和时间仅仅是主观的;而且从他那个时代以来,很多哲学家都相信空间和时间只是现象,而非真实世界的特征。然而,现在由于数学家,特别是格奥尔格·康托尔的努力,无穷集合的不可能性看来是一种错误。它们事实上并不是自相矛盾的东西,而只是某些颇为固执的精神偏见所带来的矛盾。因此,认为空间和时间不实在的理由就变得无效了,而且形而上学建筑的重要源泉之一也就枯竭了。

然而,数学家们并不满足于指出通常所设想的空间是可能的;他们也指出,就逻辑所能表明的而言,许多其它形式的空间也同样是可能的。一些欧几里得公理,在常识看来是必然的,而且先前也被哲学家们假定为必然的;而我们现在知道,人们之所以认为它们看上去具有必然性,只是因为人们熟悉实际的空间,而不是因为它们有任何先天的逻辑基础。通过想象这些公理在其中不能成立的世界,数学家们使用逻辑来动摇常识的偏见,并表明了与我们生活于其中的空间有所不同(不同的程度有高有低)的空间的可能性。而且,一些这样的空间与欧几里得空间——在欧几里得空间中,我们只处理我们能够测量的距离——几乎没有什么不同,以至于不可能通过观察来发现我们的实际空间是严格意义上的欧几里得空间,还是这些其它类型的空间之一。因而,情况完全颠倒过来了。先前,经验好像只把一种类型的空间留给了逻辑,而逻辑则表明这种类型的空间是不可能的;现在,逻辑撇开经验把许多类型的空间呈现为可能的,而经验只是以偏颇的方式在它们之间进行选择。因而,尽管我们关于实际事物的知识与我们先前所设想的相比变得更少了,但是我们关于可能事物的知识大量地增加了。不再被关闭在每一角度都被可勘察到的狭墙内,我们发现自己处于一个具有自由选择之可能性的开放世界中;在这个世界中,因为有如此多的东西需要认识,所以许多东西仍然是未知的。

出现在空间和时间方面的情形,也在某种程度上出现于其它方面。凭借先天原则来规范宇宙的努力失败了;逻辑,不再像先前那样是可能性的阻碍,而成了想象力的伟大解放者:它为我们带来了无数的可能性,这些可能性对不反思的常识而言是封闭着的,而且它把在它提供给我们选择的许多世界之间进行选择的任务留给了经验——在这里,选择是可能的。因而,关于存在之物的知识限定于我们能从经验中学到的东西上,但不限定于我们实际所能经验到的东西上,因为像我们已经看到的那样,存在许多与我们没有直接经验到的事物有关的描述的知识。但是,在所有关于描述的知识的情形中,我们需要共相之间的某种联系,这种联系使我们能由如此这般的感觉材料推断出我们的材料所蕴含的某种类型的一个对象。因而,比如说,关于物理对象,感觉材料是物理对象的符号这一原则本身就是共相之间的一种联系;而且只有凭借这个原则,经验才能使我们获得关于物理对象的知识。同样的说法也适用于因果律,或者下降到一般性程度较低的东西上,适用于像引力定律这样的原则。

像引力定律这样的原则,是通过经验与某种完全先天的原则(如归纳原则)的结合而得到证实的;或更确切些说,它是因为这种结合才变得非常可能的。因而,作为我们所有其它的真理的知识的来源,我们的直观的知识分为两类:纯粹经验的知识和纯粹先天的知识；前一类向我们报告我们所亲知的特殊事物的存在及某些性质，而后一类为我们提供共相之间的联系，并使我们能够从经验知识所提供的特殊事实中做出推论。我们的派生的知识总是取决于某些纯粹先天的知识，而且通常也取决于某些纯粹经验的知识。

假如上面所说的是正确的，哲学知识在本质上与科学知识并无二致；没有任何特殊的智慧源泉向哲学而不向科学开放，而且哲学所获得的结果也并非根本不同于我们在科学中获得的结果。哲学的本质特征是批判，它使哲学成为一门与科学有别的学科。它批判性地考察科学及日常生活中所使用的原则；它找出可能存在于这些原则中的所有不一致，而且仅当不再出现任何拒绝它们的理由时，它才把它们当作一种批判性探究的结果而接受下来。假如像许多哲学家所认为的那样，科学之基础的各种原则在摆脱了不相关的细节时，能够为我们提供关于宇宙整体的知识，那么这样的知识将会同科学知识一样有权要求我们相信它。但是，我们的探究没有揭示任何这样的知识，而且因此，对于大胆的形而上学家的学说，这种探究已经有了一种结果，而这种结果主要是否定性的。但是关于通常被公认为知识的东西，我们的结果大体说来是肯定性的：我们几乎没有发现什么理由来拒绝像我们的批判结果之类的知识，而且我们也没有发现什么理由来设想人类不能具有通常认为其具有的知识。

然而，当我们说到哲学是一种知识批判时，有必要加上某种限制。假如我们接受完全的怀疑论者的态度，把自己完全置于所有知识之外，并要求自己必须从这种外在的立场回到知识的范围内，那么我们就是在要求得到不可能得到的东西,并且我们的怀疑永远不能被驳倒;这是因为,所有的反驳都必须从争论者所共有的某种知识开始。任何论证都不能从一种空泛的怀疑开始。因而,假如我们要得到什么结果的话,那么哲学所从事的知识批判就一定不是这种破坏性类型的。我们提不出任何逻辑的论证来反对这种绝对的怀疑论;但是,不难发现,这种类型的怀疑论是不合理的。作为近现代哲学的开端,笛卡尔的"方法论的怀疑"不是这种类型的,它反而是我们将其断定为哲学本质的那种批判。他的"方法论的怀疑",就在于怀疑任何似乎可以怀疑的东西,或者说,就在于先停下来问问他自己能否在反思的基础上,确信他自己真正知道他所具有的每一种看似真实的知识。这是构成了哲学的那类批判。有些知识,比如像关于感觉材料的存在的知识,不管我们对它们的反思多么冷静、多么彻底,似乎都是完全不可怀疑的。关于这样的知识,哲学的批判不要求我们放弃信念。但是,有些信念,例如关于物理对象完全类似于我们的感觉材料的信念,是我们开始反思时才会具有的,然而在加以仔细研究后,我们发现这些信念消失了。哲学将会吩咐我们拒绝这样的信念,除非我们发现了某种新的支持它们的论证方针。但是,有些信念,不管我们多么仔细地考察它们,似乎都不容易遭遇反对意见;拒绝这样的信念是不合理的,而且也不为哲学所提倡。

一句话,哲学的批判不在于在没有理由的情况下就决定拒绝某种东西,而在于根据实际情况认真考虑每一种显而易见的知识。当这种考虑结束时,它将保留一切仍然显得是知识的东西。必须承认,依然存在某种错误的危险,因为人是容易出错的。哲学可以正当地声称它减少了错误的危险,而且在某些情况下,它使这种危险变小了,以至于人们在实践中可以忽略这样的危险。在一个一定会发生错误的世界上,我们不可能做得比这更好,而且任何谨慎的哲学拥护者都不会声称自己做得比这更多。

第十五章 哲学的价值

现在,在我们即将结束对哲学问题所做的简洁而又很不完全的考察时,最好通过综合以上论述,来考虑一下哲学的价值是什么,以及为什么要研究哲学。现在,在科学及实际事务的影响下,许多人都倾向于觉得,相比于那些虽无害但却无用且繁琐的辨析,以及不可能产生知识的争论,哲学好不到哪里去;鉴于这一事实,考虑上面的问题就更有必要了。

对哲学的这种看法似乎部分地产生于关于生活目标的错误观念,部分地产生于关于哲学努力要获取的善的错误观念。通过其各种发明,物理科学对于无数完全不了解它的人来说是有用的;因而,物理科学的研究之所以会受到人们的欢迎,不仅(或者说起初)是因为它对研究者的影响,而且更是因为它对人类的影响。以此观之,哲学并无用处。假如哲学研究对研究者以外的人来说终究具有某种价值的话,它一定只是通过对研究者的生活的影响而间接具有的。因此,我们必须首先在这些影响上寻找哲学的价值——假如它在什么地方产生了影响的话。

但是,进而言之,假如我们不想在确定哲学价值的努力上招致失败,我们首先必须将我们的心灵摆脱被错误地称作"注重实际"者的人所持有的偏见。"注重实际"者,按照这个词的通常使用方

第十五章 哲学的价值

式,指的是仅仅认识到物质需求的人;这种人认识到人们必须为身体而备有食物,但没有意识到为心灵提供食物的必要性。假如所有的人都是富裕的,假如贫穷和疾病减少到了其最低的可能的限度,那么,若要创造一个有价值的社会,仍有许多事情要做;而且即使在现存世界中,心灵的需求也至少和身体的需求一样重要。唯有在心灵的需求中,哲学的价值才会被发现;而且只有对这些需求不冷漠的人才能相信哲学研究并不是浪费时间。

像所有其它学科一样,哲学的主要目标在于获得知识。它旨在获得的那种知识给予科学群体以统一性和体系性,并且是从对我们的信仰、偏见及信念之根据的批判性考察中产生的。但是不能认为,哲学在试图为其问题提供确定的答案时已经取得了非常巨大的成功。如果你问一个数学家、矿物学家、历史学家或任何其他有学识的人,他所研究的那门科学已经确立了什么样的确定真理,那么只要你愿意听,他就会一直回答下去。但是,如果你向一个哲学家提出同样的问题,那么只要他是坦诚的,他将不得不承认,他的学科还没有取得其它科学已经取得的那类确定的结果。事实上,这一点部分地通过以下事实得到了解释:涉及任何主题的确定知识一经变得可能,这个主题就不再被称作哲学,而变成了一门独立的科学。整个关于天体的研究曾经被包含在哲学中,但现在属于天文学;牛顿的伟大著作就被称作《自然哲学的数学原理》。同样地,对人类心灵的研究曾经是哲学的一部分,但现在已经从哲学中分离出来了,并且成长为心理科学。因而,在很大程度上,哲学的不确定性与其说是真实的,不如说是表面上的:已经能具有确定答案的问题被归入了各门科学,而唯有那些我们当前给不出其确定答案的问题才依旧留存为哲学的。

然而,这仅仅是关于哲学的不确定性的一部分事实。就我们所能看到的而言,许多问题一定依旧是人类理智所无法解决的——除非我们的理智的力量变得与现在完全不同;在这些问题中,就包含那些对于我们的精神生活来说具有最根本的重要性的问题。宇宙有计划或目的上的某种统一性吗,拟或只是原子的一种偶然的汇合?意识是宇宙的一个恒久部分并为智慧提供无限期的成长的希望,拟或只是一个小行星上的一个短暂事件,且在这里生命最终一定变得不可能?善或恶对宇宙而言是重要的,还是说只对人类而言才是重要的?这类问题是哲学提出的,而不同的哲学家以不同的方式对它们做出了回答。但是,不管答案是否可以通过其它方式被发现,哲学家们所提出的答案似乎没有一个可以被证明是正确的。然而,不管发现答案的希望多么渺茫,继续考虑这类问题仍然是哲学事务的一部分;而考虑这些问题,旨在使我们意识到它们的重要性,考察所有处理它们的方法,并长久保持对宇宙的一种思考兴趣——这种兴趣有可能因为我们把自己限定于可以明确弄清的知识而被扼杀。

事实上,许多哲学家都认为,哲学能够确立某些对于这类根本问题的解答的真理性。他们猜想,最重要的宗教信条能通过严格的论证而被证明为真的。为了对这样的一些努力做出判断,必须审视一下人类的知识,并就其方法与限度问题形成一种意见。对这样的一个主题独断地发表意见是不明智的,但是假如我们前面诸章的考察没有把我们引入歧途,我们将被迫放弃为宗教信条发现哲学证明的希望。因此,我们不能把这类问题的任何确定答案列为哲学价值的一部分;从而这也再一次表明,哲学的价值一定不取决于研究者将会获得的任何可明确弄清的知识。

事实上,哲学的价值在很大程度上要在它的不确定性中来寻找。未经哲学熏染的人过的是为偏见所囚禁的生活,这些偏见来自常识,来自他的时代或民族的习惯性信念,来自其心灵中逐渐确立起来的信仰——这些信仰没有得到其审慎的理性的配合或同意。在这样的人看来,世界往往是确定的、有限的、平淡无奇的;通常的对象不会让人产生疑问,而且不常见的可能性会被傲慢地拒绝。与此相反,我们一进行哲学思考,就会发现,如同我们在开篇几章中所看到的那样,哪怕最寻常的事物也会带来一些问题,而对于这些问题,我们只能给出非常不完全的答案。哲学,尽管不能确定无疑地告诉我们什么是它所提出的疑问的真正答案,却能提出许多可能性,而这些可能性开阔了我们的思想,并使其摆脱了习惯的任性专制。因而,虽然哲学在事物是什么的问题上降低了我们的确定性感觉,但在事物可能是什么的问题上,却极大地增加了我们的知识;它消除了那些从未走进自由怀疑领域的人身上多少有点傲慢的教条主义观点;它通过指出我们所熟悉的事物中不熟悉的一面,让我们的好奇感永驻心间。

除了指明未被想到的可能性这种作用外,哲学还有一种价值,它是由于哲学沉思的对象的重要,以及这种沉思使人摆脱了狭隘的和个人的目标,而且这种价值也许是它的主要价值。受制于本能的人的生活被封闭在其私人利益的范围内;家庭和朋友也许包括在其中,但是,外部世界并未涉及在其中,除非它可能有助于或妨碍其本能的期望的实现。在这样的生活中,存在某种令人兴奋的及被限定的东西;相比于它,哲学的生活是平静的、自由的。私人本能利益的世界是狭隘的,它置身于一个强大的世界之中,而后者一定或迟或早会使私人世界成为废墟。除非我们能够扩大我们的兴趣范围,并把整个外部世界都包括进来,我们就仍然像一支被困于堡垒之中的守备部队,知道敌人阻断了退路,也知道最后的投降是不可避免的。在这样的生活中,没有宁静,而只有欲望的坚持与意志的无力之间的连绵不断的冲突。假如我们的生命是崇高而自由的,那么我们必须通过一种或另一种方式逃脱这种监禁和冲突。

逃脱的方式之一就是哲学的沉思。在最宽广的视野中,哲学的沉思并不把宇宙分成两个敌对的阵营——朋友和仇敌,有益的和不利的,好的与坏的;它通观整体。哲学的沉思在是纯净的时,并不旨在证明宇宙的其余部分与人类似。知识的所有获得都是自我的一种扩展,而且,这种扩展会得到最有效地实现,如果不直接地寻求知识的话。当求知的欲望单独起作用时,如果一种研究不预先期望其对象必定具有这种或那种特征,而是让自我适应它在其对象中所发现的特征,那么我们就会通过这种研究而获得自我的扩展。如果我们把自我看成其目前所是的样子,并试图表明世界非常类似于这个自我,以至于完全不用承认存在着与自我相异的东西,就能具有关于世界的知识,那么我们就不会获得自我的这种扩展。想证明这一点的愿望是自作主张的表现,而且它像所有的自作主张一样,是实现自我成长的一个障碍;而自我希望实现这样的成长,它也知道它能实现这样的成长。自作主张,在哲学思考中,就像在其它地方一样,把世界看成达到其种种目的的手段;因此,它使世界的价值低于自我的价值,而且自我为世界中的善的东

第十五章 哲学的价值

西的伟大设置了界限。正相反,在哲学沉思中,我们是从非我出发的,而且经由非我的伟大,自我的界限被扩大了;经由宇宙的无限,沉思它的心灵也在某种程度上分享了无限。

因此,灵魂的伟大不是由那些把宇宙比作人类的哲学所培育起来的。知识是自我与非我的一种结合形式;像所有的结合一样,它受到支配性力量的损害,因此也为任何强行让宇宙与我们在自己身上所发现的东西保持一致的企图所损害。在哲学上,人们普遍倾向于认为,人是万物的尺度,真理是人为的,空间、时间以及共相世界是心灵的属性,而且假如存在某种并非由心灵所创造的东西,那么对我们来说,它是不可知的,也是无价值的。假如我们先前的讨论是正确的,那么这种观点就是不真实的;但是,除了不真实以外,它还会导致我们剥夺哲学沉思中一切有价值的东西,因为对自我而言,它为哲学沉思戴上了脚镣。它所称为知识的东西并不是与非我的一种结合,而是一组偏见、习惯、愿望——这些东西在我们和外部世界之间制造了一种不可穿透的面纱。在这样的一种知识理论中找到愉悦的人,就类似于生怕自己说出的话不合法律而从不离开家门的人。

恰恰相反,真正的哲学沉思会在非我的每一次扩展中发现满足,在一切展现沉思对象的事物上发现满足,由此也将在沉思主体的身上发现满足。在沉思中,一切个人或私有的东西,一切取决于习惯、私利或欲望的东西,都将歪曲对象,由此也将损害理智所寻求的那种结合。由此在主体和对象之间设置一道隔栏,这种个人及私人的东西成了理智的樊笼。自由的理智将会像上帝那样在唯一的纯粹的求知欲中平静而又不带感情地进行观看;在这样观看时，不存在一种此时此刻，没有希望与恐惧，也没有惯常的信念及传统偏见的束缚，而且理智所追求的知识是不带个人成分的、纯粹沉思的，也是人类可能获得的。由此，相比于感官所带来的知识，自由的理智也将更看重个人历史事件并不进入其中的抽象的及普遍的知识；前一种知识依赖且一定依赖于唯一的个人的观点及身体——在这里，身体的感官所歪曲的东西与所揭示的东西一样多。

习惯于哲学沉思之自由与不偏的心灵，将以某种方式在行为与情感的世界中保持同样的自由与不偏。它将把自己的目的和愿望看作整体的一部分，而且因为把它们都看作一个其所有余下部分都不受人的行为影响的世界中的极微小的碎片，它便少了一种固执。不偏是一种心灵的品性：在沉思中，它是对真理的一种纯粹渴望；在行为中，它是正义；在情感中，它是那种无处不在的爱——这种爱能给予所有人，而不仅仅是给予那些被断定为有用或值得赞美的人。因而，沉思不仅扩展了我们的思想对象，而且扩展了我们的行为与情感对象：它使我们成为宇宙的公民，而不仅仅是一个有围墙的城市中与其余一切格格不入的公民。人的真正自由就在于这种宇宙的公民身份以及摆脱狭隘的希望与恐惧之奴役。

这样，我们来总结一下关于哲学的价值的讨论：我们研究哲学，不是要为它所提出的问题找到确定的答案，因为我们通常不能知道任何这样的答案是真的。我们的目的反倒在于问题本身，这是因为，这些问题将扩展我们关于可能之物的概念，丰富我们的想象，并减少封闭心灵思考之门的教条式的自信，尤其是因为，心灵通过哲学所沉思的宇宙的伟大，也会变得伟大，并能和宇宙结合起来，而这种结合构成了最高的善。

附录 I 德译本前言[1]

本书写于 1911 年,但从那时起,关于这里所讨论的一些主题,我的观点经历了一种重要的发展。这种发展过程,几乎全部导因于我应用了我和我的朋友怀特海在《数学原理》中所使用过的一个原则。在那本书中,我们提出了一些理由来证明这种观点,即像类和数这样的对象只是逻辑构造。也就是说,表达此类对象的符号没有自己的指称,而只有关于它们的使用规则;我们能够确定这些符号出现在其中的陈述意指什么,但是它所意指的东西不包含与这些符号相对应的成分。因而,我们不得不以一种新的方式来应用被称作奥康剃刀的原则;根据这一原则,实体的数目将不超过必要的限度。怀特海使我相信,物质概念就是这种多余的逻辑虚构,也就是说,一片物质可以被认为是一个由时-空连续统中不同部分的事件所构成的系统。有各种各样的方法可以实现这一点,然而迄今为止很难在这些方法中间作出选择。怀特海在其《自然知识

---

[1] 德译本是保罗·赫兹(Paul Hertz)翻译的(埃尔郎根,1926)。这个前言的英文原稿,如果有的话,那也丢失了。这个版本基于易卜拉欣·纳贾尔(Ibrahim Najjar)和希瑟·柯康奈尔(Heather Kirkconnell)的一篇译文,那篇译文发表于《罗素》(罗素档案馆杂志)1975 年春季第 17 期第 27 - 29 页。J. O. 厄尔逊对它作了轻微的修改,他的修改也包含在这里。

的原则》及《自然概念》两部著作中采用了一种方法,而我在我的《我们关于外部世界的知识》一书中采用了另外一种方法。根据这些描述,第一章和第二章在物质问题上所说的话就得有所改变,尽管需要改变的程度没有完全达到它们看起来的那个样子。

同一种方法和同一个原则还让我做出另外一个改变。在《哲学问题》中讨论知识时,我假定主体是存在的,并认为亲知是主体和对象之间的一种关系。现在,我认为主体也是一种逻辑构造。由此导致的结果是,我们必须放弃感觉与感觉材料的区分;在这个问题上,我现在同意威廉·詹姆士及美国实在论者这一学派的看法。进而,我又必需在知识论方面做出改变,而这些改变将会在我的《心的分析》中看到。

在写《哲学问题》时,我还不知道广义相对论,而且我也没有充分认识到狭义相对论的重要性。假如我那时考虑到了相对论,我会以不同的方式来选择某些表述[①]。但是,这本书中所讨论的问题,多半完全独立于这种理论,而且一般说来也没有决定性地受其影响。

假如我现在来写这本书,那么我不会轻易把某些伦理陈述看成是先天的。假如我能够利用后来面世的凯恩斯先生的作品《论可能性》,那么我能够就归纳问题做更多的论述。

在我看来,把这些变化写进文本是不可能的,因为上面所提到

[①] 在1966年9月20日的一封致他在牛津大学出版社的编辑的信中,罗素回答了一个关于本书的封面设计的问题,他写道:"在我看来,本书最合适的封面将会是关于一只猴子的画面;在这个画面中,这只猴子从悬崖上摔下来,并惊呼'哎呀,我希望我没有读过爱因斯坦.'"他还附笔道:"这只猴子看起来绝不应该像我。"——英文编者注

的观点完全取决于逻辑运算,而且几乎不能通过大家都能理解的方式被描述出来;再说,相比于对它们进行单独的解释,它们更容易被理解为这里提出的理论所发生的变化。因此,我认为比较好的做法是让本书保持我 1911 年写它时的那个样子,但是要对揭示其缺点的那类进一步的研究成果做出上述的介绍性说明。

1924 年 11 月

附录Ⅱ 进一步阅读书目

一、罗素的其它著作

The Autobiography of Bertrand Russell, London: George Allen & Unwin, 1967-9.

Mysticism and Logic, London: George Allen & Unwin, 1963.（包含确立《哲学问题》之主题的一些论文。）

Theory of Knowledge, London: George Allen & Unwin, 1984.（写于1913年，但在罗素身后才出版。）

二、罗素及其哲学背景

Ayer, A. J., *Russell*, London: Fontana, 1972.

Hylton, Peter, *Russell, Idealism and the Emergence of Analytic Philosophy*, Oxford: Oxford University Press, 1990.（本书对罗素哲学的背景、发展过程及影响做了非常详细的叙述。）

Pears, D., *Bertrand Russell and the British Tradition in Philosophy*, London: Fontana, 1967.

（本书第十二和十三章讨论罗素在《哲学问题》中勾画的真理

理论及维特根斯坦的批评。)

Skorupski, John, *English-language Philosophy 1750 – 1945*, Oxford: Oxford University Press, 1993.

三、其它的简明哲学导论

Hollis, Martin, *Invitation to Philosophy*, Oxford: Basil Blackwell, 2nd edn., 1997.

Nagel, Thomas, *What Does It All Mean? A Very Short Introduction to Philosophy*, Oxford: Oxford University Press, 1987.

索　引

(索引中的页码为原书页码,即本书的页边码)

本索引中的问号表明一种观点是在什么地方被讨论的,而非断言。

absolute idea(绝对观念),83
acquaintance(亲知),22ff.,33,62 - 63,69,79,95
　　with self(亲知自我、对自我的亲知)?,27ff.
act(行为),mental(精神行为),21
analytic(分析的),46
appearance(现象),2,6
a priori(先天、先天的),41 - 43,45,46ff.,59ff.,96
　　mental(先天的即精神的)?,49
arithmetic(算术),47,48
association(联系、联系在一起),34,36

being(有),57
belief(信念),69ff.
　　instinctive(本能信念),11,12
Berkeley,George(乔治·巴克莱)(Bishop(主教)),4,5,6,18,20ff.,41,54,55,56
Bismarck,Prince Otto von(奥托·冯·俾斯麦亲王),30 - 32
Bradley,Francis Herbert(弗兰西斯·赫伯特·布拉德雷),54

Cantor,Georg(格奥尔格·康托尔),85

causality(因果性),35,38,47
China(中国):
　　Emperor of(中国皇帝),23,42
Classes(类),95
cogito,ergo sum(我思故我在),8. See Descartes(参见"笛卡尔")
coherence(融贯、融贯性),70 - 71,81
colours(颜色),2 - 3,17,18,80
concept(概念),28
constituents(成分),73
constructions(构造):
　　logical(逻辑构造),95
contradiction(矛盾):
　　law of(矛盾律),40,46 - 47
correspondence of belief and fact(信念与事实的符合),70ff.
correspondence of sense-data and physical objects(感觉材料与物理对象的符合),10,11,15,16 - 17,19,20
criterion(标准),81
critical philosophy(批判的哲学),46ff.

deduction(演绎),44
Descartes,Rene(勒内·笛卡尔),7 - 8,41,87

索 引

description(描述),24,25,26,28ff.,63
divisibility(可分性),infinite(无限可分性),85
doubt(怀疑),7,8,11,12,87
dreams(梦),8,10,11,63,71
duration(持续),16

empiricists(经验论者),41-42,49,55
error(错误),63,69ff.,81,88
excluded middle(排中),40
existence(存在),57
 knowledge of(关于存在的知识),7ff.,33,41
experience(经验):
 extended by descriptions(通过描述而扩展的经验),32,86
 immediate(当下经验),1,7
facts(事实),79-80
falsehood(假),69ff.
 definition of(假的定义),74
fiction(虚构),logical(逻辑虚构),95

generalization(概括):
 empirical(经验概括),43,45,61
geometry(几何),43,47

hallucinations(幻觉),see dreams(参见"梦")
Hegel, Georg Wilhelm Friedrich(格奥尔格·威廉·弗里德里希·黑格尔),82ff.
Hume, David(大卫·休谟),41,47,54,55

idealism(唯心论),19-24
 defined(被限定的唯心论),19
 grounds of(唯心论的理由),19ff.
idealists(唯心论者),18
ideas(观念、理念),20ff.,56-57
 abstract(抽象观念),26,55

innate(天赋观念),41
platonic(柏拉图的理念),52-53
identity(同一):
 law of(同一律),40
induction(归纳),33-38,39,44,61,96
 principle of(归纳原则),36-37,39,64,86
inference(推论):
 logical and psychological(逻辑的与心理的推论),78
infinity(无限),85
innate ideas and principles(天赋观念与原则),see ideas(参见"观念")
introspection(内省),26

Kant, Immanuel(伊曼努尔·康德),45-51,85
Knowledge(知识):
 by acquaintance and by description(亲知的知识与描述的知识),23-32,62-63
 definition of(知识的定义),76ff.,92
 derivative(派生的知识),63,77-78
 indubitable(不可怀疑的知识)?,1,87
 intuitive(直观的知识),63,64-68,77,78ff.,86
 of future(关于未来的知识),33ff.
 of general principles(关于一般原则的知识),39-45,47,62
 of things and of truths(事物的知识与真理的知识),23,25,62,63,84
 of universe(关于宇宙的知识),12,82,90
 only of mental things(仅仅关于精神事物的知识)?,21ff.
 philosophical(哲学的知识),87,90
 theory of(知识论),19,96

Laws(法则):
　　general(一般法则)35,37,41
Leibniz,Gottfried Wilhelm(戈特弗里德·威廉·莱布尼茨),5,6,18,41,54
light(光),13 - 14
Lock,John(约翰·洛克),41
Logic(逻辑),39ff.,53,71,85 - 86,96

mathematics(数学),43,47
matter(物质),4
　　existence of(物质的存在),4 - 5,7 - 12,22
　　nature of(物质的性质),13 - 18
memory(记忆),26,66ff.
mind(心灵),4 - 5,28
　　the only reality(心灵作为唯一的实在)?,5(see also idealists(也参见"唯心论者"))
　　what is in the(心灵中的东西),20ff.,56
monad(单子),54
monadism(单子论),54
monism(一元论),54
motion(运动):
　　laws of(运动法则),34,35

nature of a thing(一个事物的本性),83 - 84
necessity(必然性),43
numbers(数),95

object(对象):
　　object of apprehension(领会的对象),21 - 22
　　of judgment(判断的对象),73 - 74
Occam's Razor(奥康剃刀),95

particular(殊相),53

perception(知觉),65 - 66,67,80
phenomenon(现象),48,49
philosophy(哲学):
　　value of(哲学的价值),89 - 94
　　uncertainty of(哲学的不确定性),90,91
physical objects(物理对象),4,8,9,16,17,28,29,48,62
Plato(柏拉图),53ff.
principles(原则):
　　general(一般原则),39 - 45
probability(可能性),34ff.,41
probable opinion(可能性意见),81
proper names(专名),29ff.,53
propositions(命题):
　　constituents of(命题的成分),29 - 30

qualities(性质),50,54,55,58

rationalists(唯理论者),41,49
reality(实在),2ff.,6
relations(关系),15,16,17,50 - 51,54,55,56,58ff.,83 - 84
　　multiple(多重关系),71 - 74
　　sense of(关系的意义),73,74
relativity theory(相对论),96
resemblance(相似、类似性),55,59

self(自我),8,27,28,49
self-consciousness(自我意识),27
self-evidence(自明),64 - 68
　　degrees of(自明度),67,68,80,81
　　two kinds of(两类自明),79ff.
sensation(感觉),4,48,96
sense-data(感觉材料),4,6,7,9 - 11,13,15,16 - 17,25,48,79,96
　　certainty of(感觉材料的确定性),8 - 9
shapes(形状),3,16

solipsism(唯我论),9-11
space(空间),14ff.,85,86
 Euclidean and non-Euclidean(欧几里得与非欧几里得空间),85-86
 physical(物理的空间);14-16
Spinoza,Baruch(巴鲁赫·斯宾诺莎),54
subject(主体),73,95

'thing in itself'("物自身"),48-49
'thought,laws of'("思维律"),40,49-50
Three Dialogues between Hylas and Philonous, in Opposition to Sceptics and Atheists(《海拉斯和菲洛斯反对怀疑论和无神论的三篇对话》),4
time(时间),16ff.,49,58-59,85,86
touch(触觉),3
truth(真、真理),69-75
 definition of(真的定义),74

uniformity of nature(自然的统一性),35
universal(共相),26,28,52-57,86
 knowledge of(关于共相的知识),58-63,79

verbs(动词),54

图书在版编目(CIP)数据

哲学问题/(英)罗素著;贾可春译.—北京:商务印书馆,2022(2024.8重印)
(汉译世界学术名著丛书)
ISBN 978-7-100-21201-4

Ⅰ.①哲⋯ Ⅱ.①罗⋯ ②贾⋯ Ⅲ.①罗素(Russell, Bertrand 1872—1970)—哲学理论 Ⅳ.①B561.54

中国版本图书馆 CIP 数据核字(2022)第 086173 号

权利保留,侵权必究。

汉译世界学术名著丛书
哲学问题
〔英〕罗素 著
贾可春 译

商 务 印 书 馆 出 版
(北京王府井大街36号 邮政编码100710)
商 务 印 书 馆 发 行
涿州市星河印刷有限公司印刷
ISBN 978-7-100-21201-4

2022 年 10 月第 1 版　　开本 850×1168　1/32
2024 年 8 月第 2 次印刷　　印张 5¼
定价:28.00 元